UNE

sur les 52

De M. Émile de GIRARDIN ;

PAR

J.-M. DUVERNE,

De Montmort (Saône-et-Loire).

PRIX : 1 FR. 50 C.

A PARIS,

CHEZ TOUS LES LIBRAIRES.

1851.

UNE

sur les 32.

UNE

sur les 52

DE M. ÉMILE DE GIRARDIN;

PAR

J.-M. DUVERNE,

De Montmort (Saône-et-Loire).

PRIX : 1 FR. 50 C.

A PARIS,

CHEZ TOUS LES LIBRAIRES.

1851.

A LA JEUNESSE

J'offre ce résumé des questions, des idées, des intérêts qui agitent la société.

Je le dédie aux deux sexes.

Le rôle de la femme grandit avec la République et s'ennoblit avec la Liberté.

Un honorable a pu s'en plaindre à la tribune. Une de ses aïeules a peut-être été la nourrice d'une Lavallière ou la femme de chambre d'une Pompadour.

Sparte voulait des femmes robustes pour mères de ses guerriers : la France républicaine veut des femmes éclairées pour élever une génération d'hommes libres et de bons citoyens. Une Cornélie s'honore d'être la mère des Gracques, défenseurs du droit commun et victimes de l'oppression aristocratique.

. . . . . . *Seque vir viro contulit.*

VIRGIL.

L'homme se mesure à l'homme.

LE SOCIALISME ET L'IMPÔT, anneau d'une chaîne d'opuscules intitulés LES 52, par M. Émile de GIRARDIN, a fixé mon attention. Je livre le résultat de mon examen à l'appréciation de tout lecteur sérieux et réfléchi.

Matière grave, assurément, que le socialisme et l'impôt! athlète redoutable, sans nul doute, que M. de Girardin! Aussi, pour justifier mon épigraphe, j'invoque avec plus de confiance la force de la raison, que je ne compte sur l'audace de l'esprit et la stratégie de l'imagination.

Suivant les traces de M. de Girardin, je commencerai, comme lui, par le socialisme, dût-on me blâmer, comme Turgot le reprochait à Galiani, de faire un traité des *Culs-de-jattes* à propos de l'accroissement des subsistances. Du socialisme je passerai, toujours sur les pas de mon auteur, à l'appréciation de notre système actuel d'impôt : double sujet formant la matière d'un premier livre correspondant à la première partie de l'opuscule de M. de Girardin. A la seconde partie du même ouvrage correspondra le second livre de l'examen qui m'occupe. Enfin, après avoir examiné et apprécié la théorie de M. de Girardin sur l'impôt, j'exposerai, dans un troisième et dernier livre, les principes de la mienne sur le même sujet.

LIVRE I.

DU SOCIALISME. DES IMPÔTS ACTUELS.

> Ce principe, que rien ne doit borner les droits de la société sur le particulier que le plus grand bien de la société, me paraît faux et dangereux... Tout homme est né libre... On oublie que la société est faite pour les particuliers...
>
> TURGOT, *Lettr. sur la tolér.*
>
> Il ne peut y avoir de raison de perpétuer les établissements faits sans raison.
>
> TURGOT, *Mém. sur les par.*

I.

Le socialisme, selon M. de Girardin, a deux acceptions, une mauvaise et une bonne. On ne saurait plus finement tempérer la crainte et l'effroi même qu'inspire le socialisme dans toute son affreuse crudité. Mais, qui donna jamais le nom de *socialisme* aux principes politiques de Sully, d'Henri IV, de Colbert, de Turgot, de Napoléon? M. de Girardin, et pas d'autre. Imaginer un double socialisme, un bon et un mauvais, n'est-ce pas autant élever celui-ci à la doctrine du progrès, qu'abaisser celui-là aux folies des niveleurs qui, s'attelant par derrière au char du mouvement, le traînent à reculons jusqu'à la communauté de Lycurgue, jusqu'à l'instinct du sauvage, et à l'appétit animal même de la brute [1]?

[1] Plus hardi que M. Girardin encore, M. Cochut a fait, dans le *National*, l'histoire de quatre socialismes: religieux, politique, intellectuel et économique. Que la religion, la politique, la philosophie et l'économie politique obéissent à la loi du progrès, qui peut en douter? Mais, quelle est la loi du progrès socialiste, si ce n'est un éternel mouvement rétrograde? Le socialisme proprement dit, est-ce autre chose que les chimères, les utopies, les illusions romanesques des esprits faux, creux, avides de paradoxes et de popularisme, qui se traînent dans l'ornière d'une stérile imagination depuis les Grecs jusqu'à nous, et dont Aristophane a livré le ridicule à la risée publique long-temps avant M. de Clairville? La mission d'un esprit sérieux est d'éclairer le peuple et non d'altérer la vérité par un artifice. Le socialisme a pris un nom propre dont personne n'a le droit de falsifier le titre ni d'amoindrir les prétentions,

. . . . *Da nomina rebus,*
Da loca, da vocem, quæ mecum fata loquantur.

Qu'est-ce que le socialisme..... puisqu'il faut l'appeler par son nom?

« C'est la prétention, non pas de réformer, mais de refaire la société de fond en comble, de la constituer sur de nouvelles bases, de changer toutes ses conditions, de substituer un autre droit à son droit, une autre morale à sa morale, comme si le crime et la folie avaient été jusqu'à présent les seuls législateurs [1]. »

Aux yeux des socialistes réguliers ou irréguliers, chaux et déchaux, la société est tout-à-fait en désaccord avec les prescriptions d'une raison éclairée. Elle n'est pas, dit M. Villegardelle, le résultat d'une combinaison sage, d'un législateur habile; elle est le produit inévitable et fortuit de circonstances violentes, closes, du côté des vainqueurs, par la défaite du grand nombre, et, du côté des vaincus, par le triomphe de quelques-uns seulement [2].

On dirait, à croire ceci, que la formation de la société est le résultat d'une campagne pharsalienne. Mais où est le César? où est le Pompée? Quel dommage que la stratégie d'une pareille campagne n'ait pas été soumise aux savantes combinaisons d'un socialiste pur sang! Et voilà comment *causa victrix placuit Diis, sed victa Catoni.*

Le socialisme, d'ailleurs, ignore l'histoire ou ne la comprend pas. « Les institutions de la Grèce ne sont pas nées du hasard; la plupart d'entr'elles ont

[1] FRANCK, *le Soc. jugé par l'hist.*

[2] VILLEGARDELLE, *Hist. des idées soc.*

été le fruit des méditations de plusieurs hommes célèbres qui en ont poursuivi le développement avec une inflexibilité de logique tout-à-fait systématique [1]. » Le socialisme même date de Lycurgue, dont les succès ne prouvent pas qu'il possédàt le dernier mot de la politique de l'humanité.

Nulle science ne fut jamais un arrangement *à priori*, et, à l'égard de la science sociale sur-tout, la pratique a de long-temps précédé la théorie. Personne ne peut arranger la spontanéité de l'homme et l'inspiration de la nature à son goût, à ses vues ; seul le philosophe construit une science des faits qu'il a recueillis.

L'humanité est, en effet, une force divine. ***Deus calescit in illa.*** Comme le vieil arbre de la forêt, la société pousse spontanément ses racines et développe librement ses rameaux à travers les ténèbres et la tempête. Arrière le socialisme qui voudrait l'abattre, et, de sa main égalitaire, planter à la place un soliveau dont les branches stériles, clouées et ajustées à leur tronc vermoulu, auraient l'éclat et la symétrie fantastique d'un décor de théâtre !

II.

Le socialisme n'est nullement une combinaison du génie ; il sort brut d'une cervelle creuse portant ce timbre : *association forcée.*

[1] BLANQUI, *Hist. de l'écon. polit.* chap. III.

Tous les socialistes, en effet, qu'ils le sachent ou qu'ils l'ignorent, comme dit M. Franck, qu'ils le dissimulent ou qu'ils l'avouent, les phalanstériens, les philosophes humanitaires, les prétendus organisateurs du travail, tous sont nécessairement communistes.

Aussi, M. Villegardelle, se complaît-il à justifier la communauté par des textes d'évangiles, par le sentiment de quelques pères de l'Église, par l'opinion de sophistes et des utopistes. M. Louis Blanc n'a rien de mieux à prôner [1]. Partout, aujourd'hui comme au XVe siècle, le socialisme est l'*instrumentum belli* des anciens de la nouvelle Israël.

Les évangiles enseignent-ils le communisme? Non. Ils prêchent les vertus individuelles, ils recommandent à chacun la bienfaisance, la charité; mais où voit-on une théorie sociale quelconque sortir de leur enseignement?

Les pères de l'Église se sont-ils écartés des évangiles? Ce que l'ignorance ou l'éréthisme religieux pourrait justifier chez quelques-uns, n'est pas même clairement établi. Il est certain, au contraire, que S.-Augustin. comme nous l'apprend sa lettre à S.-Hilaire, a défendu lui-même les Pélasgiens de l'accusation de communisme portée contre eux. Quelle flétrissure pour le communisme, que la réprobation du plus grand docteur de l'Église! Et S.-Clément d'Alexandrie, si savant et si pieux, ne dit-il pas aussi, dans son *Pédagogue*,

[1] *Voy.* LETTRE A M. BARBÈS, *le Peuple*, 10 avril 1849.

que le renoncement religieux ne fut jamais une obligation générale! Enfin, qui prêcha la communauté, si ce n'est ces quelques théologiens dont la vie de retraite contemplative exaltait la ferveur, la démence et la mysticité?

« S'il eût été possible que les doctrines des théologiens fussent prises au pied de la lettre, le monde, par la subordination de l'intelligence à la foi, par le respect de l'idée que tout pouvoir, juste ou injuste, vient de Dieu, par le renoncement à tous les intérêts d'ici-bas, aurait rétrogradé au pas de course vers la barbarie [1]. » Il y a dans la nature humaine quelque chose de supérieur à l'esprit théologique et religieux, c'est l'esprit humain.

M. Villegardelle n'a pas apprécié les auteurs profanes avec plus de sincérité, de discernement et de critique. Il cite, comme tous les socialistes, les élucubrations paradoxales de J.-J. Rousseau, mais il ne dit pas un mot de la doctrine sérieuse et réfléchie de ce grave écrivain qui, dans le *Contrat social*, pose la propriété privée comme base de la société politique. Il n'a pas vu non plus sous le voile transparent de la plus heureuse fiction, la leçon que la sagesse de Fénélon donne à la royale administration de son temps.

Le socialisme est la dépravation de la science sociale, comme le philosophisme est la dépravation de la philosophie, comme le religionisme est la dépravation de la religion. Religionisme, philo-

[1] DAIRE, *Notes sur* MERCIER DE LA RIVIÈRE.

sophisme, socialisme, telle est la triade dont la filiation légitime et l'agnation philosophique ne sauraient être contestées.

III.

La condition pivotale du socialisme ou communisme est l'abolition de la propriété. Aussi les socialistes l'attaquent-ils en tous sens. La propriété, selon M. Proudhon, est même impossible. Impossible, comment? En fait? Mais elle existe; en droit? mais en dehors de la propriété qu'appelez-vous *droit?* Égalité, répond le socialiste. Mais l'égalité est la raison du droit, elle n'est pas le droit. Voulez-vous substituer à l'égalité de droit ou principe de justice morale, l'égalité de fait ou nivellement matériel? Votre conclusion n'en sera pas plus heureuse.

L'égalité de fait n'est pas dans la nature. Les hommes ne sont égaux en rien; ils diffèrent en tout, par la taille et la force, par l'intelligence et le mérite, par les vices et les vertus. Ils diffèrent même par la passion du ventre, dont le socialisme s'occupe exclusivement. Pourquoi donc seraient-ils égaux en jouissances, en fortune? Ne dites pas qu'ils sont égaux en besoins, c'est une allégation socialiste; ils ne sont égaux en rien; demandez plutôt à Brissot-Warville, votre maitre à tous : à l'un il faut plus de nourriture, à l'autre moins de vêtements; à celui-ci du tabac et de l'eau-de-vie, à celui-là du plaisir et des femmes; à cet autre beaucoup de repos et peu de travail. D'ailleurs, tous eussent-ils des besoins égaux, et ces besoins fussent-ils les mêmes, que l'égalité de fortune n'en serait pas la conséquence de *droit*. En effet, si la nature nous donne des besoins égaux, elle nous donne aussi la mission égale d'y satisfaire. Elle n'autorise pas la paresse et la débauche, par exemple, à se prévaloir de l'œuvre de la tempérance et de l'activité. Loin de là, le but de la société est de soumettre l'appétence animale de l'homme à la règle morale du droit.

Sous la protection et la force de cette règle, chacun, stimulé par son intérêt personnel ou de sa propre conservation, veille à son existence et construit l'édifice de son bien-être. L'un travaille, épargne et s'enrichit; l'autre jouit, abuse et se ruine. L'un naît pauvre, l'autre le devient, celui-ci par sa faute ou ses vices, celui-là même par les vices ou la faute de ses auteurs; car, quoi qu'en dise Fontenelle, les sottises des pères ne sont pas toujours perdues pour les enfants.

Quel est le grand ressort de ce vaste mécanisme auquel le mouvement social est imprimé par l'intérêt personnel sous la garantie de l'égalité de droit? La liberté.

Et quelle est la plus haute manifestation de la liberté de l'homme? La propriété, le fruit de son activité personnelle.

Liberté, propriété, égalité de droit sont les trois termes d'une force morale qui exclut l'égalité de fait ou nivellement ; et, réciproquement, l'égalité de fait n'est pas plus le droit dans la science sociale, que l'unisson ou la monotonie n'est le chant ou la mélodie dans l'art musical.

La liberté morale est le fond du droit, l'utilité physique en est la forme.

> Et les pleurs et les chants sont les voix éternelles
> De ces filles de Dieu qui s'appellent entre elles.

Aussi M. de Lamennais a-t-il raison de le dire, la propriété est identique au droit ; elle est le droit même sous sa forme concrète ; car la condition première et absolue de l'existence ne se distingue point du droit d'exister : elle est même ce droit en acte [1].

Si donc, ajoute M. de Lamennais, la propriété est accumulable, si la conservation des êtres veut qu'elle soit accumulée, elle devient transmissible; car, évidemment, la transmission de la propriété n'est que la conséquence de la transmission de l'existence. L'être produit doit recevoir ce qui est nécessaire pour le conserver. Cette loi se manifeste depuis le végétal jusqu'à l'homme. Le périsperme n'est-il pas une propriété accumulée et transmise au germe dont il est l'auxiliaire naturel et l'indispensable source de son expansion?

La propriété s'est-elle accumulée dans trop peu de mains? ce n'est pas de cela que se plaindrait le

[1] *Esquisse d'une philosophie*, ch. inédit.

socialisme, lui qui voudrait que l'État seul fût propriétaire. Il se plaint, au contraire, que les propriétaires sont trop nombreux. De fait, depuis 1789, c'est principalement en faveur des classes laborieuses que la transmission de la propriété s'est opérée. N'attaquons pas ceux qui ont parcouru la carrière avec plus de succès et de bonheur que nous. Est-ce qu'il ne nous reste pas à tous le droit égal et virtuel d'être propriétaires? Il ne nous faut pour cela que la liberté républicaine, le travail et l'épargne. Mais, enfin, écoutons une autorité qui n'est pas suspecte ici : « l'homme qui sait se *rendre utile*, qui comprend que le travail fait partie intégrante de notre bien-être... cet homme, s'il ne considère en soi que le consommateur et n'aspire qu'à la justice, ne désire, ni ne regrette la propriété [1]. »

Socialistes, enseignez donc aux hommes à se rendre utiles au lieu de provoquer leur appétit matériel; prêchez-leur donc le travail et la justice, au lieu de fomenter la paresse et la sédition; dites-leur que la propriété n'est pas regrettable pour le bien-être du travailleur; et alors, loin de vous redouter comme les prédicateurs de la barbarie et de la misère égalitaire, on vous honorera comme des hommes d'intelligence et de progrès.

Serait-ce contre le vice des anciens titres de propriété que le socialisme s'élève? Non, ce n'est point une loi agraire qu'il demande ; il sait très-

[1] PROUDHON, *Syst. des cont. écon.* ch. XI.

bien que l'égalité du partage fait aujourd'hui n'existerait plus demain. Aussi, ce que le docteur socialiste veut, c'est le triomphe de son système; et quelque divergents que soient en la forme les différents systèmes de nos docteurs, ils ont un centre commun de convergence, l'abolition de la propriété.

IV.

L'abolition de la propriété est le moyen du socialisme, son but est la communauté. Mais la propriété tient à la nature de l'homme; elle y tient comme l'intérêt personnel, c'est-à-dire comme l'esprit de propre conservation et le sentiment du bien-être, ce double mobile de la vie. Comment donc supprimer la propriété? en supprimant l'homme même. Le socialisme ne veut, ne tente pas moins. S'il détruisait l'individualisme qu'il attaque, n'aurait-il pas détruit la personnalité humaine? Et n'est-ce pas détruire la personnalité humaine que d'en extirper le *moi*, d'en exclure l'intérêt personnel, le mobile de l'activité de l'homme, afin de proscrire jusqu'à la concurrence, c'est-à-dire, la justification de la liberté et la raison du progrès? Il suivrait de ce procédé socialiste, en effet, que l'homme ne serait plus une unité morale, un tout autonome, un être social pensant et agissant par lui seul, en un mot, une force douée de spontanéité et de raison; ce serait tout simplement une existence moléculaire qui, de même qu'un fragment de silice, serait portée par une certaine force de cohésion à concourir à la formation d'un bloc, non pas ératique, mais communiste. Alors au sein de cette masse informe, *rudis indigestaque moles*, siégerait le grand *moi* de l'humanité. L'intérêt général, conséquemment, absorberait l'intérêt personnel; la providence de l'État supplanterait la prévoyance de l'homme, et le travail collectif de tous annulerait l'inévitable paresse de chacun! Aussi, n'étant plus unité autonome, juxtaposé, l'homme serait en dehors des conditions de la liberté, et par cette raison même, de la morale, du droit et de la propriété : il ne serait plus homme. La société, conséquemment, ne serait plus qu'une aggrégation, un troupeau de bipèdes, à moins que l'instinct de la fourmi ne prévalût et ne renouvelât la métamorphose des myrmidons.

Malheureusement ou plutôt heureusement, la personnalité, le *moi*, l'individualisme est aussi réfractaire aux efforts qu'aux rêves des socialistes. Il constitue l'homme sous la triple énergie, comme l'a dit Pierre Leroux, de la *sensation*, du *sentiment* et de la *connaissance*. La sensation et l'appétence de l'homme ont le même égoïsme que la sensation et l'appétence de la brute; mais, animal politique, l'homme a ce que la bête n'a pas, le sentiment, ce besoin d'expansion, d'association et de concours; et les impulsions contraires du sentiment et de la sensation se concilient et s'harmonisent sous le lumineux empire de la connaissance.

Ce ne sont donc pas des utopies, des tissus de rêveries fortement liserés de contradictions, qui sont propres à perfectionner l'homme et la société; ce qu'il faut pour cela, c'est de l'instruction et des lumières, rien de plus, rien de moins; car l'intérêt éclairé de chacun est le fondement de l'intérêt social, et, réciproquement, l'intérêt social est la base de l'intérêt bien entendu de chacun.

Si l'homme n'était plus aiguillonné par l'intérêt personnel, qui stimulerait son activité? Son émulation serait-elle bien excitée par le plaisir de travailler pour tout le monde et d'épuiser ses forces pour compenser l'oisiveté des flaneurs et des paresseux? Non, le socialiste lui-même n'en disconvient pas. Quel stimulant prétend-il donc substituer à l'intérêt personnel qu'il proscrit? Petit problème que l'ingénieux Morus s'est posé dans son utopie et qu'il a résolu par le tour de force que fait Montesquieu pour déduire le mouvement de l'immobilité de trois corps parlementaires qui se font équilibre : comme ils doivent nécessairement aller, dit-il, ils vont tous ensemble. Mais il n'y a là qu'une solution de solutioniste; aussi les socialistes ne l'ont point acceptée comme dernier mot. Mably et Villegardelle ont donné le mot, chacun leur mot, d'une solution, sinon plus efficace, du moins plus intelligible.

« N'y aurait-il donc, dit Mably, que l'avarice et la volupté capables de remuer le cœur humain? Pourquoi l'amour des distinctions, de la gloire et de la considération ne produirait-il pas de plus grands effets que la propriété même? »

D'abord, l'avarice et la volupté ne stimulent pas l'intérêt personnel; elles ne font que l'enivrer et le corrompre. Ce qui stimule l'homme, c'est le sentiment de son bien-être physique et moral, et la considération qu'il obtient à le réaliser par l'exercice libre de son activité personnelle. Supprimez ce double ressort, tous les mouvements de l'activité humaine s'arrêtent. Quel amour de la gloire et des distinctions peut remuer le socialiste, lui qui, de même que le capucin, est soumis au régime égalitaire de la discipline et même de la servitude? Un tel régime étreint le courage aussi bien qu'il éteint le génie, et ne substitue à l'un et à l'autre que l'ignorance et la pusillanimité. Et puis l'amour de la gloire n'est pas l'état habituel de l'homme, comme le besoin de travailler pour vivre. Le socialisme aurait-il le secret de faire naître et conserver cet amour dans le cœur et l'ame de ces zélateurs? Tant pis pour lui encore; car, sous tout régime qui tue la liberté et blesse la nature de l'homme, les nobles passions, les grands talents ne sont qu'une menace perpétuelle, un danger imminent; aussi est-il certain que celui qui oserait dépasser le niveau socialiste, en braver le servilisme, deviendrait bientôt un Spartacus que l'aristocratie de la misère et de l'abrutissement exterminerait, pour ne point courir les chances d'une révolte et d'une guerre sociale.

Écoutons maintenant M. Villegardelle :

« Pour en revenir aux établissements des jésuites (au Paraguay), dont l'habileté administrative fut, il est vrai, rarement employée à faire le bien, je dirai que si les corporations religieuses ont mis au service d'un intérêt mesquin le puissant moyen de l'association, il est urgent d'employer la même *force* dans un but plus utile et plus général. »

Ainsi, l'amour de la gloire, selon Mably, et la violence, selon Villegardelle, sont les stimulants de l'activité humaine que le socialisme entend substituer à l'intérêt personnel, à la concurrence, à la liberté. Il est donc clair, comme je l'ai dit, que le socialisme est l'association forcée, le communisme. Mais une telle association est-elle bien une association ? Non, encore une fois ; ce n'est qu'une aggrégation d'esclaves, tout au plus une capucinière de fainéants et d'imbéciles.

Quel projet, mon ami ! quelle chose admirable !
A d'aussi vastes plans rien est-il comparable?
Carottes, fèves, pois.... et qui veut peut jeûner,
Mais nul n'aura du moins le droit de bien dîner.

V.

Privé de sa personnalité et de sa liberté, l'homme sous le régime du socialisme, doit nécessairement dépendre d'un tuteur, d'un geôlier. Mais ce geôlier, ce tuteur, c'est apparemment quelque Dieu inventé par le socialisme. Hélas ! le socialisme n'invente rien, il en est incapable; il n'opère qu'avec une chimère qu'il nomme *État*.

Qu'est-ce que l'État?

Dans une société régulière, l'État n'est que le résultat de ces rapports permanents, qu'engendrent la stabilité des possessions et le besoin de protection mutuelle[1]. Sous le régime égalitaire de la violence socialiste, l'État est le propriétaire de tout et le pourvoyeur de chacun.

Mais ce mot *État* n'est en soi qu'une abstraction : quelle en est, au point de vue socialiste, la concrétion formelle, c'est-à-dire l'organisme et le personnel administratif?

Toutes les volontés particulières, et, dès-lors, la liberté de chacun étant absorbée par l'État, il s'ensuit que l'État se réalise, soit dans une dictature, soit dans une réunion plus ou moins nombreuse d'oppresseurs, ayant l'une et l'autre pour auxiliaires, une milice de sbires.

Le peuple, ou pour mieux dire, la masse égalitaire, est inféodée à la glèbe; elle travaille sous la direction de ses maîtres, et livre les produits de son travail à l'État. Mais l'État, c'est-à-dire le dictateur ou les pachas qui le composent, ne pouvant tout faire par lui-même, charge ses agents ou séides, prélèvement fait de la part des gouvernants, de distribuer le surplus des produits par portions égales à chacun des esclaves, sujets ou feudataires du peuple égalitaire. Il va sans dire qu'il autorise ses

[1] LABOULAYE, *Hist. de la propriété*.

sbires à comprimer les plaintes de ceux qui ne seraient pas *satisfaits*.

L'État, tel est la providence du socialisme.

« Qui donc êtes-vous, dit M. Proudhon, vous qui vous appelez l'État? Qui vous a vu? Où demeurez-vous? Quelles garanties sont les vôtres? Ah! que vous ressemblez au Dieu de vos prêtres; vous promettez le ciel à condition qu'on vous donnera la terre. »

« Changez, dit à son tour M. Louis Blanc, changez le milieu où nous vivons; faites que tout individu qui se présente à la société pour la servir, soit certain d'y trouver le libre emploi de ses facultés et le moyen d'entrer en participation du travail collectif; la prévoyance paternelle est, dans ce cas, remplacée par la prévoyance sociale. Et c'est ce qui doit être : pour l'enfant, la protection de la famille, la protection de la société pour l'homme. »

« Oui, réplique M. Proudhon, changez, faites que... remplacez par la prévoyance sociale la prévoyance paternelle... » Quel malheur aussi que vous ne puissiez remplacer encore le travail des individus par le travail de l'État! Quelle calamité que l'État ne puisse, à la place des particuliers, se marier, faire des enfants, les nourrir et les pourvoir!

L'État socialiste est sérieusement frappé de ridicule. Nous verrons plus loin si l'anarchie de M. Proudhon est autre chose que l'État de M. Louis Blanc. Quant à présent, terminons par ces réflexions d'un économiste distingué :

« Est-il dans l'esprit de la société humaine de supprimer toute individualité, toute existence collective intermédiaire, et de ne laisser exister qu'une grande existence générale, dans laquelle toutes les autres viennent nécessairement s'abîmer? Comment concilier la liberté qu'on prétend défendre pourtant, avec cette concentration violente? Comment même concilier, avec cette concentration, les progrès et l'unité qu'on se propose d'obtenir? N'hésitons pas à le dire, s'il est des choses qui doivent être accomplies par la grande unité sociale ou nationale, il en est d'autres, en beaucoup plus grand nombre, qui doivent être faites par des unités collectives d'ordre inférieur, par l'unité départementale, par l'unité communale, par l'unité des associations industrielles et commerciales, par les nombreuses unités de famille, et surtout par les unités isolées, par les innombrables unités individuelles. Il ne suffit pas qu'une grande nation, pour être vraiment grande et vraiment une, sache agir nationalement; il faut aussi, et avant tout, que les hommes dont elle se compose soient actifs et expérimentés comme individus, comme familles, comme associations, comme communautés d'habitants, comme provinces. Plus ils ont acquis de valeur sous ces divers aspects, plus ils en ont comme corps de nation[1]. »

[1] DUNOYER, *de la Liberté du Travail.*

VI.

On a cherché quelle était l'origine philosophique du socialisme. L'a-t-on découverte? je ne sais. Mais je le demande avec M. Proudhon, « avez-vous rencontré dans le socialisme, je parle du socialisme dogmatique, autre chose que vanité et bêtise? »

J'ignore si le socialisme dogmatique est autre chose que le socialisme proprement dit ; ce que je sais, c'est que le moyen et le but du socialisme est l'égalité. A prêcher l'égalité, je parle de l'égalité de fait, fondement du communisme, il n'y a que vanité et bêtise, rien de plus évident. Il n'y a que l'infatuation d'un esprit sophistique et paradoxal, d'une imagination imbécile et mystique, d'une démagogie envieuse et turbulente qui puisse divaguer au bord de cet abime. Seule, l'égalité de droit, fondement de la société, est un principe philosophique, moral, et, sinon socialiste, du moins social.

Mais, s'il y a un bon socialisme, c'est-à-dire un socialisme qui ne soit pas dogmatique, qu'est-ce que c'est que ce socialisme? Probablement la communauté volontaire, l'association libre. A ce point de vue le socialisme ne serait qu'un mot ; il ne serait rien. Nul ordre social ne s'oppose aux associations volontaires. Veut-on y introduire l'égalité de salaire, c'est le socialisme qui, sortant par la porte, rentre par la fenêtre. Il a fait ce tour sans succès. D'abord, pour maintenir l'égalité de salaire, on accordait des indemnités ; un peu plus tard cette plaisanterie socialiste s'est modérée.

« L'égalité de salaire tombe chaque jour en défaveur dans l'esprit des ouvriers, et les sociétés qui se constituent maintenant la rejettent ; ou, si elles paraissent l'accepter dans les modèles de contrats ou statuts qu'on leur fournit, elles suppriment l'article qui la concerne dans l'acte signé par les membres[1]. »

Le bon socialisme serait-il l'application de cette maxime Saint-Simonienne : les hommes doivent se conduire en frère les uns à l'égard des autres? Peut-être ; car, pour justifier son système aux yeux du commun des martyrs, le socialisme invoque l'autorité du Christ enseignant la fraternité et l'égalité.

Le socialisme, par cette raison, est d'origine divine. Aussi, les Muncer, les Knipper-Dolling, les Buccold qui, pour fonder la communauté au nom de l'égalité et de la fraternité, ravagèrent l'Allemagne, n'étaient ni plus ni moins intelligents réformateurs que les socialistes qui leur ont succédé. Ils ne comprirent, ni les uns ni les autres, qu'à l'avénement du christianisme, le droit de propriété existait plus ou moins épuré ; que le Christ ne le discuta pas ; qu'il proclama l'égalité pour ruiner le privilége de caste, et fonder l'égalité de droit ; et que l'égalité de droit est la déduc-

[1] VILLERMÉ, *des Assoc. ouv.* p. 84.

tion logique et virtuelle de ce principe : *on ne fait pas apporter la lampe pour la mettre sous le boisseau;* et de ce commandement : *bien d'autrui ne prendras ni retiendras à ton escient.*

Abolissez, en effet, la propriété, le droit disparaît ; l'égalité n'est plus qu'un nivellement, le communisme ; la fraternité est à l'état négatif ; car, bien qu'elle demeure en puissance, elle ne peut se produire en acte. Les vertus chrétiennes les plus pures, le désintéressement, la bienfaisance, le sacrifice n'ont plus de raison d'être. Alors, comment se réalisera le noble *devoir* qu'imposent les vertus évangéliques ? Il n'y aurait plus de liberté et de propriété, plus de droit et de morale, tout serait une indifférence, une pétrification égalitaire, et vous parleriez de justice et de vertu ! Vous avez raison contre vous-même, M. Proudhon, c'est de la bêtise, que votre socialisme; ce sont des blagueurs que les socialistes.

Que de maux et de crimes peuvent découler de ces équivoques expressions : *Nous sommes frères, nous sommes égaux !*

Le frère de tout le monde, dit fort bien M. Proudhon, n'est le frère de personne. On n'est frère que dans la famille ; dans une société libre, on n'est que citoyen. L'homme, animal raisonnable, a des droits et des devoirs fort distincts sous ce double point de vue ; ni la philosophie, ni la religion, ni la politique ne permettent de les confondre. La solidarité socialiste, confusion de ces droits et de ces devoirs, n'est, en dehors de la morale pure, qu'un dogme mystique et subversif. Si la paresse, le vice et le crime se réfugiaient à l'autel de la solidarité, ils y trouveraient un asile inviolable. Pourquoi le paresseux travaille-t-il ? Le travailleur est son débiteur solidaire. Pourquoi l'ivrogne n'irait-t-il plus au cabaret ? L'homme sobre est son débiteur solidaire. Pourquoi le débauché ne ruinerait-il plus sa fortune, son crédit, sa réputation? L'homme estimable, moral, économe est son débiteur solidaire. Pourquoi le voleur même ne volerait-il plus ?... Pardon ! je l'oubliais, le vol n'est pas possible avec la solidarité fraternelle, où tout est commun.

La solidarité est l'inévitable mal de la société. Tous les crimes et délits qui en troublent l'ordre, tous les vices et folies qui en altèrent la morale, causent des fuites de produits et des excès de dépenses dont les contribuables supportent solidairement le faix. C'est, grace à cette connexion des membres du corps social, que le travail et les vertus des bons profitent même aux méchants. Ne serait-il pas plus juste, s'il était possible, que chacun ne souffrît que du mal qu'il fait, et ne profitât que du bien qu'il cause?

L'homme n'est fort que de sa propre force, n'est grand que de sa propre grandeur[1]. Malheur à qui

[1] Ceci était écrit lorsqu'il m'est tombé entre les mains un ouvrage de l'Américain Émerson, où j'ai lu cette phrase : *The height, the dignity of man is to need no*

l'amolit et le pervertit ! Imitons, encourageons les vertus de l'ame bienfaisante, du cœur sympathique à l'infortune; il est si rare de trouver un homme sensible au malheur quand il n'a pas été malheureux !... Serait-ce un socialiste, celui qui assiste l'indigent de sa bourse, comme un Stanislas Girardin; celui qui lui procure du travail, comme un Benjamin Delessert; celui qui lui donne de la soupe, comme un Champion (petit manteau bleu), et nos braves soldats en 1848 [1]? Des socialistes, de pareils hommes! mais les ombres généreuses de ceux qui sont morts sortiraient du tombeau pour protester contre l'imputation de socialisme, qui leur semblerait une diffamation. Un socialiste peut faire des propositions saugrenues et toucher 25 fr. par jour, quand il est représentant;

gift, no foreign force. Je me suis félicité, je l'avoue, d'avoir compris la dignité de l'homme comme un philosophe républicain l'avait comprise.

[1] J'ai vu de nos soldats, auxquels le socialisme interdisait Paris, prendre sur leurs rations des aliments pour de pauvres ouvriers. Le soldat ne demandait pas à l'ouvrier s'il était socialiste, et l'ouvrier ne demandait pas au soldat s'il était son frère. A ce touchant spectacle, comparez la conduite des riches et des religionistes. Ils renvoyaient leurs domestiques et s'éloignaient de Paris, pour en diminuer le commerce et en accroître le malaise. Ils s'en vantaient même pour l'honneur de leur parti. Comme la *vile multitude* est bien plus intéressante pour le moraliste, que la noble insolence des parvenus !

mais quelle infortune soulage-t-il avec le salaire exorbitant de son incapacité? Il n'est ni plus ni moins égoïste que l'égoïste burgrave et compagnie. L'homme généreux ne prêche pas la fraternité sur les toits, il vient modestement en aide aux malheureux au nom de l'humanité. *Homo sum, nil humani a me*... Les inventeurs de l'onguent pour guérir les plaies de la société ne sont que des charlatans de la pire espèce.

L'homme, encore une fois, n'est homme que par son individualisme, *acuens mortalia corda;* par l'énergie de son activité physique et morale, par l'ardeur et le courage avec lesquels il lutte contre les obstacles qui sillonnent le chemin de la vie.

« La vie intime de l'humanité a pour condition première l'opposition[1]. » Ne cherchons pas à détruire cette condition; le tenter serait peine perdue, l'ignorer est la folie du socialisme.

Un poète de l'antiquité, Virgile, ne sonde-t-il pas toutes les profondeurs de l'humanité, lorsque, dans ces vers :

Labor omnia vincit
Improbus et duris urgens in rebus egestas,

il peint l'homme aux prises avec la rigueur de ses besoins, et le fait sortir victorieux de leur vive attaque par la résistance opiniâtre de son propre travail?

[1] DARIMON, *Introduct. à la Théorie de Krause.*

Ce qu'il faut, en effet, à l'homme, c'est du courage, du travail et de l'esprit de conduite. La solidarité, nocturne syrène du socialisme, ne peut que le séduire et le tromper.

Il y a pourtant quelque chose à faire! Qui le nie? Mais il faut le faire en armant l'homme contre les ennemis de la société, et non contre la société elle-même. Ces ennemis, ce sont des idées socialistes ou subversives et de mauvaises institutions; ce sont des pouvoirs qui ne pivotent que sur des intérêts de dynastie et d'aristocratie; ce sont des impôts excessifs qui, nés de la corruption monarchique, menacent de ruine la société; ce sont ces intrigues croisées, ces partis conspirateurs qui, loin de prêter leur concours à la naissance et au développement de la liberté républicaine, abusent de sa générosité et s'ingénient à l'étreindre, à l'étouffer, espérant que, sur les débris de son berceau divin, se relèvera le trône idolâtre de la royauté et le culte du veau d'or, dont ils sont les prêtres, les thuriféraires et les sacristains.

Homme d'intelligence, ne parlez donc plus de problême social posé, de problême social à résoudre. Chimère, socialisme, bêtise que tout cela. Le problême social est résolu ; il fut résolu à l'origine même de la société. M. Proudhon a eu raison de le dire, la société nouvelle ne peut être que la continuation de l'ancienne. Spontanée, inspirée, la société politique obéit à sa loi de développement successif, au progrès. Poser de nouveau le problême de la liberté et de sa plus haute manifestation, la propriété; chercher la solution de ce problême avec l'obscurité visible du socialisme, de l'utopie, de la futurité, quand on a le flambeau de la souveraineté du peuple et du vote universel actuel, c'est méconnaître d'abord la force du droit; puis, comme dit Montesquieu, c'est « bâtir Chalcédoine ayant le rivage de Bisance devant les yeux; » c'est construire des huttes de cosaques en face de la métropole de la civilisation.

VII.

A l'esquisse du socialisme j'ajouterai le croquis des doctrines de quelques socialistes de nos jours.

Je commence par M. Proudhon. C'est un homme supérieur parmi les socialistes, et un socialiste parmi les hommes supérieurs. *La propriété, c'est le vol,* est le premier fruit de ses élucubrations. A la première page aussi du livre est écrite la preuve que son auteur est un sophiste. Le vol, en effet, implique la propriété : s'il n'y avait pas de propriété il n'y aurait pas de vol. Or, admettre le *droit* de propriété, comme M. Proudhon, c'est ne contester que le *titre* du propriétaire, et il y en a peut-être de contestables.

N'importe; à son début la thèse de M. Proudhon n'est qu'une équivoque, une fatuité sophistique indigne d'un esprit sérieux. M. Proudhon, cependant, se pose gravement devant ce miroir de son génie; il s'y admire avec complaisance et exprime son admiration avec la plus désopilante coquetterie. « La propriété, dit-il, c'est le vol! il ne se dit pas en deux mille ans deux mots comme celui-là. Je n'ai d'autre bien sur la terre que cette définition de la propriété; mais je la tiens plus précieuse que les millions de Rothschild, et j'ose dire qu'elle sera l'événement le plus considérable du gouvernement de Louis-Philippe [1]. »

Le socialisme n'est que vanité et bêtise, selon M. Proudhon : le proudhonisme a-t-il plus d'esprit et moins de vanité?

César n'a plus d'asyle où sa cendre repose
Et Pierre-Jean Proudhon pense être quelque chose!

Il est quelque chose, il est vrai; il est martyr de la liberté de penser et d'écrire, titre plus respectable aux yeux de la raison, que la découverte qu'il revendique inconséquemment comme sa propriété.

Pour attaquer la propriété, M. Proudhon ne recule devant aucun sophisme.

« S'il n'y avait pas de propriété naturelle et inévitable, a dit Destutt-de-Tracy, il n'y en aurait jamais eu d'artificielle et conventionnelle. » Cette pensée, que M. Proudhon traite de niaiserie, est aussi juste que profonde [2]. Assurément, chacun

[1] Voy. *Syst. des cont. écon.*

[2] M. Lamennais a reproduit la même idée sous une autre forme dans son journal, *le Peuple Constituant* :

de nous est propriétaire de ses forces et de ses facultés, tout aussi bien que M. Proudhon l'est de sa découverte. Chacun de nous a le droit, au nom de la liberté, de disposer de sa propriété personnelle, fût-ce pour acquérir une propriété réelle.

Que dit à cela M. Proudhon? que l'homme n'est qu'*usufruitier* et non propriétaire de ses facultés, de sa liberté, de sa personne. Soit : mais l'usufruitier n'est-il pas *propriétaire* de l'usufruit? « Si l'homme était maître souverain de ses facultés, prétend M. Proudhon, il s'empêcherait d'avoir faim et froid; il mangerait sans mesure et marcherait dans les flammes; il soulèverait des montagnes, ferait cent lieues en une minute, guérirait sans remède et par la seule force de sa volonté. » Est-ce de la plaisanterie ou de la bêtise socialiste? Quoi! parce que je ne puis m'empêcher d'avoir faim, mon estomac n'est pas *mien*, ainsi que le potage dont je satisfais mon besoin! Mais sans l'estomac, sans le besoin, la propriété serait inutile et même inconnue. De même, parce que je ne puis m'empêcher de mourir, ma volonté personnelle n'est pas ma volonté! Mais Dieu lui-même ne peut pas que l'absolu soit le relatif et que le tout soit la partie. Et la propriété est une relation humaine, un rapport social. La brute a des besoins comme l'homme,

« Ce que chaque être a de propre, dit-il, ce qui, joint à l'essence commune, fait de lui un être réel, distinct et complet, constitue, suivant la force du mot même, la *propriété* en ce qu'elle a d'original et de radical. »

mais elle n'est pas propriétaire comme lui : n'ayant point de propriété naturelle, point de *moi*, elle n'a point de droit; n'ayant point de liberté, elle n'a point de propriété : bien plus, elle est appropriable,

Peut-être que, selon M. Proudhon, la persistance éternelle et le pouvoir absolu sont les conditions du droit. Oui : en son essence rationnelle, en Dieu, le droit est éternel, absolu ; mais, relativement à l'homme, *l'exercice* en est conditionnel et temporaire [1]. La limite dans laquelle un droit s'exerce, loin d'annuler le droit, en maintient l'intégralité. D'Aguesseau recommandait à son fils l'étude de la métaphysique du droit. Je la recommande à M. Proudhon. Cette métaphysique est plus logique dans ses procédés que le miroitage d'imagination dont le socialisme s'éblouit et s'hébête.

Cependant voyons M. Proudhon attaquant la propriété par une argumentation en forme juridique.

« Le domaine, dit-il, n'a pas été concédé seulement au respect de l'individu... Le contrat est synallagmatique entre la société et l'homme... Les propriétaires défendent leur privilége au nom de la société... Mais le despotisme propriétaire remplit-il son obligation envers la société? Non; la concession de la propriété est radicalement nulle,

[1] M. Proudhon le reconnaît en ces termes : « Les droits sont éternels; oui, dans l'intelligence de Dieu, comme les idées archétypes des platoniciens; mais sur la terre les droits n'ont d'existence qu'avec un sujet, un objet et une condition. » *Lettre à* M. BLANQUI.

parce qu'elle implique, de la part du concessionnaire, certaines obligations qu'il lui est facultatif de remplir ou de ne pas remplir. Or, toute convention fondée sur une condition non obligatoire n'oblige pas. Le contrat tacite passé entre le privilégié et l'État est manifestement illusoire. Il s'annule par la non réciprocité, par la lésion d'une des parties. »

Voilà donc la propriété fondée sur un contrat au moins tacite.

La contradiction et l'erreur de M. Proudhon sont palpables. Ce socialiste reconnaît la propriété conventionnelle : la propriété n'est donc pas le vol. Mais où voit-il un contrat synallagmatique qui l'établisse? Quelles sont les deux parties contractantes? L'État et les propriétaires, selon M. Proudhon.

L'État! « Qui donc êtes-vous, vous qui vous appelez l'État? Qui vous a vu? où demeurez-vous? quelles garanties sont les vôtres? » Voilà ce que disait à M. Louis Blanc notre juriste. Je le répète à celui-ci. De plus, je lui demande : qui vous prouve que l'État existait avant le contrat de propriété, pour l'y faire figurer comme partie contractante? Comment M. Proudhon, qui n'affecte pas moins de prétentions à la philosophie qu'à la dialectique, ne comprend-il pas que l'homme n'a pu contracter à ce sujet avec l'État ou l'organisme social, puisque cet État, au lieu de précéder la propriété, et de présider à sa naissance, procède d'elle, au contraire, et n'est que le garde-général de ses intérêts particuliers? C'est par cette raison même que les propriétaires, comme dit M. Proudhon, défendent leur droit au nom de la société. Voulez-vous la société politique? défendez la propriété : voulez-vous la détruire? faites-vous socialiste.

Non, la propriété ne vient pas d'un contrat synallagmatique ; elle ne vient d'aucune espèce de contrat. M. Proudhon lui-même en a découvert l'origine et la sanction dans un ordre d'idées plus élevé. « La propriété est de nécessité providentielle, dit-il.... La raison collective l'a reçue de Dieu et l'a donnée à l'homme. C'est le triomphe de l'humanité de savoir connaître ce qu'il y a en elle de fatal [1], » et j'ajoute de moral.

Ne parlez donc plus de conditions de concession, de violation de contrat, de lésion d'une partie contractante ; tout cela n'est pas moins confus qu'absurde. Quelle que soit l'origine de la propriété, le propriétaire a le droit d'en user et d'en jouir comme il l'entend ; il est certain qu'il est mieux disposé que le socialiste à la conserver, à l'améliorer, à la rendre profitable à la société.

M. Proudhon vient de dire que la propriété est un don de Dieu. Comment, après cela, continuera-t-il son attaque contre la propriété? en attaquant Dieu lui-même. « L'hypothèse de Dieu, dit-il, est légitime, car elle s'impose à tout homme malgré

[1] *Syst. des Contr. écon.* ch. XI.

lui. L'athéisme n'est, au fond, qu'une théodicée. » Puis, en proie à son délire, le titan du socialisme s'en prend à Dieu même de l'existence de la propriété. « Si Dieu n'existait pas, dit-il, il n'y aurait point de propriétaires : c'est la conclusion de l'économie politique. Et la conclusion de la science sociale est celle-ci : La propriété est le crime de l'Être-Suprême. Il n'y a pour l'homme qu'un seul devoir, une seule religion, c'est de renier Dieu. »

Je l'avoue, j'aime mieux l'orthodoxie philosophique de Grotius, que la philosophie titanique de M. Proudhon. « Qu'il y ait ou qu'il n'y ait pas de Dieu — *quod sine scelere dari nequit*, dit Grotius, — la justice, l'équité, la morale n'existeraient pas moins en raison des rapports sociaux qu'engendre la propriété [1]. » Le droit, la justice, la morale, en effet, ne viennent pas plus des régions nébuleuses du supernaturalisme, que des bas-fonds et de l'égout du socialisme : ils naissent de la nature de l'homme et de ses rapports avec les choses ; ils se développent au soleil de la liberté et de l'égalité politiques. « Si nous émigrions dans ces îles fabuleuses où la vie est sans labeur, qu'aurions-nous besoin d'éloquence, puisqu'il n'y a pas de procès ? Qu'est-ce que la vertu même ? Le courage est inutile où l'on ne court pas de danger ; la justice est superflue où l'on n'a que faire du bien d'autrui.[2] »

[1] *De jure belli ac pac. proleg.*

[2] *Frag. de Cic.*, conservé par S.-Aug.

Je ne passerai pas en revue tous les sophismes que M. Proudhon a lancés contre la propriété. La haine qu'il lui voue le crispe parfois en maniaque aussi pitoyable que ridicule. « Élevez-vous par le travail, dit-il, jusqu'à la propriété, et quand vous aurez goûté de la chair humaine vous ne voudrez plus d'autre viande, et vous réparerez vos longues abstinences! » On ne s'arrête pas en si beau chemin. « Non-seulement la justice, ajoute M. Proudhon, instituée pour protéger la propriété, même abusive, même immorale, est infâme; mais la sanction pénale est infâme, la police infâme, le bourreau et le gibet infâmes. Et la propriété, de qui est sortie cette odieuse lignée, la propriété est infâme. « Est-il bien redoutable le prosélytisme d'un pareil prédicateur? On n'élève de temple, dit le poète, qu'à la doctrine réfléchie du sage.

Edita doctrina sapientium templa serena.

A un esprit tel que celui de M. Proudhon, j'aimerais mieux que l'on ouvrît une maison de santé qu'une prison. Et voici pourquoi : « J'ai renversé la propriété, s'écrie M, Proudhon avec un ricanement insensé, elle ne se relèvera plus! » Ne dirait-on pas ce héros de l'Arioste, qui va gaîment chercher de l'esprit dans la lune?

S'il n'y a pas de terme moyen entre la communauté et la propriété, comme l'avoue M. Proudhon lui-même, il faut bien avouer aussi que M. Proudhon est un communiste, un socialiste pur sang. D'ailleurs, il ôterait tout prétexte au doute. Il entend la communauté « de telle sorte que chaque produit, ce sont ses termes, sortant des mains du producteur, se trouve d'avance frappé d'hypothèque par la société ; » c'est-à-dire « le producteur lui-même n'a droit à son produit que pour une fraction dont le dénominateur est égal au nombre des individus dont la société se compose.

Évidemment M. Proudhon est un égalitaire babouvien, un communiste. Il ne le croit pas, lui, il ne le veut pas ; car il ne traite pas la communauté et les socialistes avec plus de respect ou moins de violence que les propriétaires et la propriété. Nous savons comment il élimine celle-ci : voyons maintenant comment il élimine celle-là.

Après s'être défait de la propriété et de la communauté, M. Proudhon n'entend pas supprimer les choses qui en sont l'objet. — Que va-t-il en faire? Il en fera l'objet de la *possession*. On ne se douterait pas que là est le dernier mot de la science sociale.

Qu'est-ce que la *possession* proudhonienne? Admettons d'abord, avec son révélateur, que « le droit d'occuper est égal pour tous. » Quels seront le caractère et la durée de la possession qui résultera de ce droit? La possession sera-t-elle annuelle, mensuelle, à tour de rôle? Si le possesseur tient à sa possession, qui l'en dépouillera légitimement? N'aura-t-il pas autant de droit à la continuer qu'un autre individu en aurait de l'interrompre? Enfin, si elle est continue, qui la distinguera de la propriété? si elle ne l'est pas, en quoi différera-t-elle de la sauvagerie, du communisme?

« La possession est dans le droit, dit M. Proudhon, la propriété est contre le droit. »

La possession est dans le droit : Telle est la possession du fermier et de l'emprunteur.

La possession est contre le droit : Telle est la possession du voleur et de l'escroc.

Dans aucun cas la possession n'est le fond du droit; elle n'en est que la forme, l'apparence, un reflet.

La propriété est contre le droit : Paradoxe qui se résout en cette vieille formule : TOUS ONT DROIT A TOUT.

Oui, chaque tailleur a le droit de faire tous les habits; chaque médecin de soigner tous les malades; chaque pêcheur de prendre tous les poissons du lac. Tel est le droit dans son abstraction absolue. Mais, dans sa réalité relative et personnelle, le droit de chacun se réalise dans ce qu'il peut obtenir par son travail, son activité, son mérite, ses chances même. Et ce que l'un ne peut obtenir, passe dans le domaine de l'autre au même titre. Le libre exercice du droit de chacun n'est pas plus restrictif quant aux droits acquis, qu'à l'égard des droits à acquérir.

La suppression de l'individualisme, de la liberté et de leur rapport, supprimerait le droit même.

M. Proudhon ajoute : « La justice est la soci bilité se manifestant par l'admission en particip tion égale des *choses physiques*, seules susceptibl de poids et de mesure. » Il pousse, quant à ce choses, l'égalité si loin, que, selon lui, « nous n' vons rien qui nous sépare des animaux. »

La justice est l'expression des rapports qui exis tent entre des êtres intelligents et moraux; elle es étrangère à la brute. La justice dès-lors n'est pa l'égalité de fait, le nivellement; elle est l'égalité d droit, c'est-à-dire la garantie du droit de conserve et de la liberté d'acquérir.

Si la justice, quant aux choses qui se pèsent e se mesurent, était l'égalité de fait, le paresseux l'inepte et la brute concourraient au même titr que le travail et l'intelligence. Il y aurait des associés à mise de fonds négative. — L'égalité socialiste ou bestiale, c'est la négation du droit et l'absurdité.

Quant aux choses non susceptibles de poids ou mesure, il est une autre justice, selon M. Proudhon; c'est l'équité. Quelles sont ces choses? *l'admiration* et *l'estime*, dit ce socialiste. Est-ce tout? Pourquoi pas plutôt les gaz, l'éther, l'électricité, les fluides impondérables?

L'admiration et l'estime! sont-ce là des choses? ce sont des sentiments et quelquefois des erreurs. La Bruyère remarque, en effet, qu'il n'y a que les sots qui admirent. De là peut-être sont venus quelques admirateurs à M. Proudhon.

Le socialisme n'est qu'un agencement de mots flottants comme des rêves. Ne serait-ce pas cela que notre socialiste appelle la *grande métaphysique*[1] ? M. Guizot, faiseur de grande politique, a renversé le trône qu'il voulait soutenir : M. Proudhon, faiseur de grande métaphysique, perd la raison qu'il veut raffiner. O grandeurs ! que vous êtes petites !

L'équité n'est qu'une forme plus sévère de la justice. On ne réclame pas, on ne partage pas l'admiration et l'estime avec plus d'équité que la sagesse et l'amitié. On obtient de tout cela ce que l'on peut, comme de tous les biens du monde. Chacun arrange sa fortune morale comme sa fortune physique. D'ailleurs, l'une et l'autre ont une source commune : le travail, l'épargne, le savoir et leur concours moral. Il n'est pas moins équitable que juste, que chacun jouisse exclusivement de celles qu'il a pu acquérir. Le socialiste n'a pas plus de droit à troubler un propriétaire, qu'un galérien n'a droit à la réputation d'un homme d'honneur.

Finalement, la possession proudhonienne, fondement de l'égalité socialiste, raison de la justice pondérante et de l'équité impondérante, est un rêve

[1] M. Proudhon termine une de ses controverses avec le regrettable Bastiat, par ces mots : Vous ne comprenez pas la grande métaphysique, vous êtes un homme mort !

réminiscent des utopies de Platon et de Fourier : elle implique l'établissement des castes possédant, qui la terre, qui les armes, qui les emplois et magistratures, avec la faculté anarchique de *papillonner*. Je ne me charge pas de donner aux rêves de M. Proudhon plus de cohérence.

Qui pourrait s'en charger ? Indépendamment de la possession, M. Proudhon n'admet-il pas encore une propriété *authentique*, qu'il oppose à la propriété actuelle, qu'il nomme *symbolique?* Selon lui, celle-ci vient du fait sans la raison : concluons-en que celle-là vient de la raison sans le fait. Mais comment concevoir une propriété rationnelle et négative, théorique et non pratique? Un sophisme de M. Proudhon en explique un autre solidairement. « La propriété est impossible, dit-il, parce qu'elle est impuissante contre la propriété. » Traduit du socialisme, cela veut dire : il n'y a pas de propriété individuelle; la propriété est collective : tout le monde est propriétaire, c'est-à-dire personne ne l'est que l'*État !*

Mais, dira-t-on, M. Proudhon a couvert de ridicule l'état socialiste ; de plus, il n'admet de forme gouvernementale que *l'anarchie*, l'absence de gouvernement : or, l'état socialiste et l'anarchie proudhonienne s'excluent l'un l'autre : donc M. Proudhon ne peut admettre l'État sans tomber dans la plus grossière contradiction.

Une contradiction! un socialiste ne s'embarrasse pas de si peu. Toutes les élucubrations de M. Proudhon sont-elles autre chose? Puis, l'anarchie proudhonienne ne serait-elle pas le fameux gouvernement direct? Alors de la combinaison de l'État socialiste et de l'anarchie proudhonienne ne sortirait-il pas le gouvernement le plus propre, par sa violence, à substituer au moi humain l'*automatisme collectif*, ce stratum, ou plutôt ce fumier de l'état égalitaire dont la production sociale, fécondée par l'oppression et la démagogie, répandrait partout également la misère et l'hébétude qui rendraient l'homme sourd à la voix de la liberté, impassible à l'aiguillon du progrès, étranger aux luttes de la civilisation?

VIII.

On a parlé de rapports entre Jean-Jacques Rousseau et M. Proudhon : Quels sont ces rapports? Je les cherche.

Rousseau a une idée mère, la liberté. Le despotisme et les castes, à son époque, viciaient la justice, corrompaient la société, dégradaient l'individu. N'est-il pas tout naturel qu'un homme de génie se tournât alors vers la vie sauvage pour contrôler un tel ordre social? De ce point de vue primitif, en effet, l'ame libre et généreuse de Jean-Jacques signalait les vices et la dépravation d'une société éclairée, mais servile, idolâtre de la monarchie. Tirer le peuple de la servitude et de l'idolâtrie, et, comme un autre Moïse, le conduire à la terre promise, et lui montrer, dans le culte de la liberté, le bonheur providentiel de l'homme sur cette terre : telles furent la passion et la gloire de Rousseau. Le paradoxe, chez lui, est une finesse plutôt qu'un travers d'esprit : il a toujours la physionomie du bon sens et jamais l'orgueil du sophisme. N'y cherchez pas même de contradiction, vous n'y trouveriez que des prémisses à déductions profondes. Le style de l'écrivain a toujours, je ne dirai pas l'artifice académique, mais, art plus puissant encore, une insinuante chaleur, une éloquence émouvante. Aussi parcourt-on le triple système d'éducation, de morale et de politique de Rousseau avec une telle avidité de jouissances éprouvées et de plaisirs espérés, qu'on ne quitte son livre que pour y revenir, le goûter à loisir, lui accorder ses plus vives sympathies et lui vouer sa plus pure admiration.

M. Proudhon a-t-il la même vocation? Non. Il ne produit pas le même effet non plus. Une idée mère, M. Proudhon n'en a pas ; un système, il en repousse jusqu'à la supposition [1]. Ne lui prêtez donc pas le culte de la liberté [2], à lui qui ne connaît pas même le but de l'humanité et s'en soucie

[1] *Le Peuple* du 21 mars 1849.

[2] Un article de la *Revue des Deux-Mondes* s'accommode presque du socialisme proudhonien, vu que M. Proudhon aime la liberté !... depuis qu'il est en prison, peut-être.

peu [1]. Ce qu'il cherche [2], M. Proudhon, ce qu'il adore, ce sont le paradoxe excentrique, les plus compactes contradictions, le sophisme le plus miroitant. Du style, qu'il en aie, et il en a parfois d'une allure, d'un pittoresque et d'une élégance remarquables. Mais que souvent aussi le style est l'homme! abstrus comme sa pensée, brûlant à froid comme son esprit, convulsif comme son *humour!* La lecture de son livre est un supplice varié. On dirait que M. Proudhon veut tout abattre pour conquérir l'omnipotence de créateur; et l'on tremble d'être la créature d'un génie ou plutôt d'un croque-mort ricanant sur des funérailles au sein du cahos. Une sueur froide vous coule sur le front. Vous fermez le livre, et le premier sentiment que vous éprouvez, c'est de l'antipathie pour un auteur si bouffi d'orgueil, puis de l'horreur pour les doctrines de poison et de fiel qu'il distille.

On revient à Rousseau comme à un ami.

> *Non ignara mali.*
> Malheureuse, j'appris à plaindre le malheur!

Mais en mettant la main sur le livre de M. Proudhon, on frissonne : on croit sentir le froid et en-

[1] Voy. le journal précité.

[2] Dans ce même journal, M. Proudhon dit qu'il *cherche!* — Quoi? — Que le but de l'humanité ne sera visible qu'au jugement dernier! — Que ferez-vous alors

tendre le sifflement colérique d'un serpent gonflé de venin. Le nom de Jean-Jacques est grand comme le monde, brillant comme l'étoile du génie français : celui de Proudhon n'obtiendra jamais qu'une pairie dans le sénat conservateur de la médiocrité novatrice et stérile. Rousseau, Voltaire, Montesquieu et Buffon sont une pléiade qui occupe le point culminant d'une échelle plongée dans la lumière : Babœuf, Proudhon et Pierre Leroux justifient au bout opposé leur triade de contradiction enfoncés dans la boue. Voilà l'unique rapport que je puisse découvrir contre P.-J. Proudhon et J.-J. Rousseau.

L'originalité de M. Proudhon, c'est l'art dans le plagiat. Qu'est-ce que son attaque contre la propriété? Une nouvelle édition, considérablement augmentée et gâtée, du livre de Brissot-Warville, intitulé : *Recherches philosophiques sur le droit de propriété et le vol.* Le thême de Brissot, en 1780, avait un mérite qui, dès la révolution de 1789, a disparu. Dès cette époque, en effet, le droit de propriété a été épuré par les conventions et la circulation qui ont disséminé la propriété dans toutes les classes. Brissot, d'ailleurs, devenu l'un des membres de la convention et du parti girondin, ne reproduisit pas ses fantaisies philosophiques à la tribune; il y défendit sérieusement, au contraire,

de ce que vous *trouverez* là? Qu'importe, comme dit le poëte Herwegh, qu'importe à l'esquif vermoulu qui sombre le souffle d'Orient qui vient gonfler sa voile?

tous les principes de liberté, de propriété et de morale qui sont le code éternel de toute société civilisée.

M. Proudhon, lui, s'est infatué de l'artifice de son plagiat. Il avait flairé la philosophie allemande dans Hegel, et la position, sa négation et la négation de la négation lui sont montées au cerveau et l'ont enivré de leur parfum négatif; puis, en lisant Fichte, il a découvert la thèse, l'antithèse et la synthèse qui ont pris la même route et atteint le même but; et, grace à la double excursion de ce train de plaisir philosophique, M. Proudhon a reconnu le principe de contradiction et le rapport synthétique de l'unité, de l'idendité et de l'absolu. Et alors il s'est dit, comme Hegel :

L'être pur est l'abstraction; et comme l'abstraction n'est rien, *rien* est le principe de tout, contradiction qui n'est résolue que par le *devenir*. De même, la propriété pure n'est rien; mais rien étant le principe de tout, la contradiction propriétaire se résout par une futurité. Cette futurité, que sera-ce? Ajoutant à la trichotomie de Hegel le syllogisme spéculatif de Fichte, M. Proudhon répond : ce sera la *possession*. Le premier état de chose, dit-il, c'est la communauté : *thèse;* le second état est la propriété : *antithèse;* or, la possession, commune à la propriété et à la communauté, forme la *synthèse*.

Premièrement, la possession n'est point un troisième terme; elle n'est qu'une forme du droit de propriété, de louage, de prêt, etc. « La possession est dans le droit, » comme dit M. Proudhon, mais elle n'est pas le droit. M. Proudhon est dans la prison, mais il n'est pas la prison. Faut-il démolir la prison et le droit? au moins M. Proudhon y gagnerait-il la *possession* de sa liberté.

Secondement, la synthèse n'est l'anéantissement ni de la thèse, ni de l'antithèse, elle en est la combinaison. Schelling, par exemple, cherchant la synthèse du *moi* et du *non-moi*, du fini et de l'infini, parvient à l'absolu. Dans ce dernier terme, les deux premiers ne s'anéantissent pas; ils s'y résument, au contraire, et s'y combinent. Spinosa, de même, cherchant la synthèse de la pensée et de l'étendue, la trouve dans la *substance* qui les combine et les résume.

Est-ce là le procédé de M. Proudhon? La possession combine-t-elle, au lieu de les détruire, la communauté et la propriété? non, elle détruit celle-ci pour établir celle-là : voilà tout.

Mais la propriété n'est-elle pas une véritable synthèse?

Quel est, en effet, le premier état de chose, l'état primitif? *l'occupation* individuelle et temporaire. Chacun occupe ce qu'il peut cultiver. C'est la communauté négative, la *thèse.*

Le second état social constitue la possession patriarchale ou nomade de la tribu. La propriété collective de celle-ci constituait la communauté positive, *l'antithèse.*

Plus tard, l'occupation individuelle et la possession communale se combinent et se résolvent dans la propriété. La communauté négative ou occupation s'y trouve sous la forme du trésor, de l'aubaine, de la trouvaille, de l'appropriation de la terre vacante, de la prescription. La communauté positive s'y trouve aussi sous la forme des choses communales et nationales, tels que les hospices, les théâtres, les routes, les canaux : la propriété est donc une synthèse.

M. Proudhon n'est pas plus original que cela dans toutes ses inventions. Qu'est-ce que sa banque du peuple? une imitation des magasins coopératifs fondés sous le nom de *National labour* et de *Équitable exchange* par l'anglais Robert Owen. Et sa banque d'échange, où M. Proudhon en a-t-il pris l'idée? Dans un projet de Law, qui s'était imaginé qu'une banque pouvait fonctionner sans argent; erreur que M. Proudhon a cru bien corriger en plaçant l'équivalent du papier dans le troc en nature. Enfin, qui lui a révélé la proportionnalité des valeurs dont il parle si complaisamment? Le livre des *Gemini* de Manchester.

Il n'y a pas jusqu'à *l'anarchie* dont M. Proudhon n'ait emprunté l'idée. Ce mot est évidemment la formule du gouvernement dont Mercier de la Rivière insinuait l'excellence à Catherine II. La célèbre Czarine avait appelé notre philosophe, qui s'était fait une grande réputation par son ouvrage de *l'Ordre naturel des sociétés politiques*.— «Quand on veut donner des lois à un peuple, lui demanda-t-elle, quelles règles peuvent plus sûrement indiquer celles qui conviennent le mieux? — Donner ou faire des lois, Madame, c'est une tâche que Dieu n'a laissée à personne. Eh! qu'est-ce que l'homme pour se croire capable de dicter des lois à des êtres qu'il ne connaît pas ou qu'il connaît mal? Et de quel droit imposerait-il des lois à des êtres que Dieu n'a point mis sous sa main[1]?... » J'abrège le dialogue qui se termina par une pirouette et ce compliment de Catherine II : Je vous souhaite le bonjour, Monsieur!

IX.

Dans sa rage contre la propriété, M. Proudhon a dû mordre le capital. Aussi le mord-il comme un monopole.

Mais quelle similitude entre un monopole et le capital.

Le monopole est un avantage exclusif accordé par une loi, contrairement au droit commun. Le capital est le fruit du travail et de l'épargne. Travailler, épargner est le droit et même le devoir de tous. L'épargne que nos pères ont faites pour nous et que nous faisons pour nos enfants, un monopole! quelle perversité!

[1] THIÉBAULT, *Souvenirs de Berlin*, t. III, p. 167.

Le principe de *la liberté du socialisme*, dit M. Proudhon, est de détruire ce monopole, cette clé de voûte de la propriété.

Quelle liberté que celle du socialisme! La liberté du voleur et du forban. Alors que devient la liberté de l'homme actif, industrieux et économe? Que devient la société?

Écoutons M. Pierre Leroux, dont M. Proudhon, en cette matière, n'est que la caricature.

« Le capital, dit-il, est une bonne et excellente chose[1]. » Oui, mais à la condition, ajoute le socialiste, de le ravir à l'individualisme et de le placer sous la surveillance et la direction de la *société collective*. Voilà bien encore l'*État*, ce propriétaire de tout, ce tuteur de chacun, cet agent général du communisme.

Cependant, M. Pierre Leroux ne se dit pas communiste. C'est un si vilain renom! Il ne déclare la guerre qu'à la propriété *caste*. Mais on comprend son argot. Ce qu'il attaque clairement, c'est-à-dire en communiste et en théologien du moyen-âge, c'est le capital. Il anathématise les intérêts de l'argent au nom de Moïse et de Jésus, au nom des conciles et des pères de l'Église. Il invoque les légistes, successeurs des maîtres en droit canon; il signale la législation civile qui a suivi leur doctrine.

Quand on traite une question de cette nature,

[1] *Revue Sociale*, mars 1846.

n'y a-t-il, pour l'éclairer, que le flambeau de la théologie, du mysticisme et de la crédulité?

Le zèle de M. Pierre Leroux est-il vraiment religieux? J'en doute, si, comme il le professe, la religion est une philosophie, c'est-à-dire, l'expression la plus haute, à une époque donnée, du travail antérieur de l'esprit humain [1]. Quoi! M. Pierre Leroux nous dit que la sève du christianisme est épuisée; il pense que la philosophie continue son mouvement, et voilà qu'il reste en extase devant la Bible pour condamner l'intérêt du capital! Vous mentez à votre conscience, ou bien à vos doctrines, pour servir le socialisme.

Moïse ne défend pas absolument l'intérêt, il réprime l'usure, l'intérêt excessif; car chez un petit peuple, sans commerce et sans industrie, le capital, loin d'être un instrument de production, n'est qu'un aliment de luxe et d'oisiveté. Moïse était un législateur éclairé, et, s'il est possible, un intelligent économiste. Aussi, une décision du grand Sanhédrin, du 2 mars 1807, a-t-elle décidé que le profit légitime du prêt n'est pas défendu dans le commerce, ni, en cas de lucre cessant, selon le taux fixé par la loi. Le bandeau du socialisme dogmatique sur les yeux, M. Pierre Leroux n'y voit goutte.

[1] Voy. art. ÉCLECTISME, *Encyclop. Mod.*—M. Leroux aurait dû s'en tenir à la philosophie, et s'abstenir de la politique et de l'économie politique, dont il n'a ni le sens ni l'intelligence.

Jésus était un philosophe, c'est M. Pierre Leroux qui le dit. Jésus, donc, a dû raisonner en philosophe. Qui donc encore pouvait mieux éprouver ce sentiment vraiment philosophique que le docte et religieux Lactance exprime en ces termes : « Dieu donna à tous une part de raison, afin que chacun pût apprécier ce que l'on sait et découvrir ce que l'on ignore. Ceux qui nous ont précédé dans le temps ne nous ont pas devancé en connaissance ; et ce qui est également à tous n'appartient à personne par droit d'aînesse. Si donc chacun de nous a l'innée faculté de chercher la vérité, c'est avilir son titre personnel et s'abaisser à la brute que d'accepter servilement l'opinion d'autrui... Imitons nos prédécesseurs, et de même qu'ils ont transmis à leur postérité les erreurs qui leur semblaient des vérités, transmettons à la nôtre le fruit plus savoureux encore de nos découvertes et de nos lumières [1]. » Que M. P. Leroux nous fasse donc grace de la Bible et de la sociale quand il traitera scientifiquement la question de l'intérêt du capital. Qu'il remarque, d'ailleurs, que même les pères de l'Église dont il invoque l'autorité, n'ont prêché la gratuité du prêt qu'au nom de la bienfaisance ; et qu'il ne compromette plus son érudition à soutenir que les légistes, successeurs des maîtres en droit canon, ont consigné l'opinion de ceux-ci dans la loi civile. Il n'en est rien. La suppression théolo-

[1] Inst. div. lib. 2, c. 8. *De rationis usu in religione.*

gique des intérêts du capital provoqua des réclamations qui furent accueillies. Aussi voyons-nous une foule d'ordonnances à ce sujet depuis 1349 jusqu'à l'édit de 1679, l'arrêt du Conseil du 8 octobre 1691, et l'édit de 1766, qui autorisa l'intérêt jusqu'à 25 p. 0/0.

A la vérité, lors de la discussion de la loi du 12 octobre 1789, relative au prêt à intérêts, quelques membres ecclésiastiques de l'assemblée nationale, s'appuyant sur le passage évangélique *mutuum date nil inde sperantes*, prétendirent que la question attaquait la morale religieuse. Il leur fut répondu par l'abbé Gouttes que S.-Luc, S.-Mathieu, S.-Thomas n'ont considéré ce *mutuum date nil indè* que comme un conseil, et non comme un précepte. L'abbé Maury ajouta que la question n'était pas religieuse, mais politique [1]. A la bonne heure, M. Proudhon même ne dirait pas que les doctrines des prêtres, comme celles des socialistes, ne sont que vanité et bêtise.

[1] « On a beaucoup disserté sur l'usure judaïque. Nous allons en dire notre pensée. Successivement repoussés de toutes les fonctions publiques, de toutes les professions honorables, de tous les métiers, de tous les arts, l'agriculture comprise, de toutes les branches d'instruction, il ne nous restait que l'exploitation commerciale, celle des capitaux. Nous nous en sommes emparés, nous nous y sommes jetés avec avidité ; car, si vous amputez le bras droit à un homme, il ne faut pas lui en vouloir s'il travaille du bras gauche. » (CAHEN, *trad. du Pent.* t. V, p. 61 de l'introd.)

Nul homme intelligent ne peut méconnaître, s'il n'est socialiste, la fonction du capital dans la production; et, dès-lors, comment nier la justice de la rétribution du service qu'il rend?

L'usure! c'est une absurdité sous l'empire de la liberté des conventions. Emprunter sans balancer l'utilité du prêt avec les inconvénients, c'est de l'imprudence peu recommandable; accuser ensuite le prêteur qu'on a vivement recherché, c'est de l'immoralité. Les lois qui répriment l'usure ne font que provoquer sa ruse et grandir la prime d'assurance qu'elle exige. Voulez-vous sagement abaisser le taux de l'intérêt? protégez la liberté, favorisez le commerce et l'industrie; n'inquiétez pas surtout le développement de la richesse sociale par de mauvaises doctrines, par de mauvaises lois, par une administration de parti et des prétentions inquiétantes; et alors les affaires suivront leur cours; il y aura du crédit et de la confiance; les capitaux se multiplieront, et, par suite, ils subiront la double loi de la concurrence et du niveau général des valeurs. Cette doctrine, celle de Turgot, de Bentham, de Génovesi, de Florez-Estrada, ne peut être réfutée ni par le religionisme, ni par le socialisme, ni même par le juge qui loue sa terre assez cher pour consommer la ruine de son fermier. Comme s'il était plus juste et plus moral d'exagérer le louage d'une terre ou d'une maison, que le louage ou l'intérêt de l'argent!

X.

Vient *l'organisation du travail* de M. Louis Blanc. La théorie est des plus simples. Des ateliers nationaux, crédités par l'État, font concurrence à l'industrie privée, la ruinent et l'absorbent. Admirable invention du communisme qui détermine les particuliers à fournir à l'État le moyen de ruiner leur fortune et de supprimer leur liberté! Tel a été l'enseignement du Luxembourg. Mais, dans l'atelier national, personne n'a intérêt direct et personnel à travailler : comment réprimer la paresse? M. Blanc y a pourvu. Au milieu de l'atelier est un poteau avec cette affiche : ***Le paresseux est un voleur***. Comme si on pouvait prendre le bien d'autrui dans une société communiste!

« La Montagne, a dit M. Ledru-Rollin, répond à l'abolition de la propriété par le principe du ***droit au travail***, qui est le moyen d'acquérir et de légitimer la propriété, garantie fondamentale de la famille. » (Voir le journal *la Réforme* du 27 avril 1849.)

La garantie fondamentale de la famille, assurément, c'est la propriété. Aussi n'hésite-t-on pas à conclure, avec Platon, que la communauté des biens ou socialisme aboutit à la communauté des femmes.

Mais le droit au travail que prêche M. Ledru-Rollin, n'est-il pas une voie de la communauté?

Chacun des membres de la société politique est un fragment concret de son abstraction collective. Or, si le droit au travail est acquis à l'un d'eux, il est acquis à tous; car le droit et le devoir qu'il implique, sont réciproques. Maintenant, à quel titre exerceraient-ils les uns contre les autres un droit au travail? « Les hommes se réunissent en société, dit fort bien M. Thiers dans son *Traité de la propriété*, pour repousser par la force de tous, l'atteinte que quelques-uns pourraient porter à l'exercice de leurs facultés, au fruit de leur travail, à leur liberté, à leur propriété; mais je ne sache pas qu'ils aient mission de se trouver du travail les uns aux autres. »

Comment donc l'État, qui n'est que l'organisme social, pourrait-il être affecté d'une obligation qui n'est imposable à aucun membre de la société?

L'État, sans doute, comme administrateur des intérêts généraux de la société, a des travaux à faire; il doit les multiplier autant que le bien public et les finances le permettent. Mais de là ne résulte aucune obligation contre l'État en faveur d'un individu ou collection d'individus. L'assistance que l'État peut, qu'il doit même, selon les circonstances, accorder aux ouvriers, n'est qu'un devoir de prudence politique, de même que l'aumône que le riche fait au pauvre n'est qu'un devoir de moralité sociale et d'humanité.

Je ne veux pas vivre d'aumône, dit le socialiste. Pourquoi donc parlez-vous tant d'évangile et de fraternité? Certes, il n'est pas glorieux de vivre d'aumône, quand on a du cœur et des bras. Mais le véritable chrétien accepte sans humiliation le pain d'un frère; il ne se sentirait blessé dans sa dignité d'homme et dépouillé du respect que l'on doit à son infortune, que si l'on donnait à son amour du travail d'autre raison que l'orgueil, d'autres moyens que les ateliers nationaux, d'autre tendance que la paresse et la sédition.

D'ailleurs, à qui l'État devrait-il du travail? A celui, sans doute, qui ne peut s'en procurer. Mais comment prouver que toute recherche a été vaine et inutile? Peut-on s'en tenir à la parole du déclarant? Il serait bien à craindre, alors, que le droit au travail ne se traduisît par le droit à l'oisiveté.

D'un autre côté, à quel genre d'ouvriers devrait-on des travaux? A tous ou à personne. Il ne peut y avoir de privilége de blouse ou de veste; il ne peut y avoir d'aristocratie de tabagie ou de cabaret. Ainsi donc, le médecin sans malades, l'avocat sans causes, l'écrivain sans lecteurs, l'artiste sans commandes, tous, sans distinction, auraient un égal droit à réclamer du travail pour vivre. Les honnêtes ouvriers comprennent parfaitement que les socialistes n'ont aucun titre dont ils puissent équitablement se prévaloir.

Le *droit au travail*, en résumé, est absurde sous le régime de la propriété, s'il est autre chose que le droit de chacun d'exercer librement ses forces et ses facultés. Il est absurde sous le despotisme de l'*État* socialiste, s'il est autre chose que la contrainte de remplir la tâche personnelle que cet État impose à chacun de ses sujets. Dans l'un et l'autre cas, le droit au travail n'a pas plus de sens que le droit à la danse. Danse qui a des jambes; personne n'est tenu de lui donner des violons.

XI.

Le socialisme ne conteste pas que le régime de la propriété ne soit le plus favorable à la production. Seulement sa prétention est de distribuer à chacun sa part égale des produits, et, par là, de faire le bonheur de tous.

Alors quel serait le revenu de chacun des habitants de la France? 56 centimes et demi par jour, selon M. Michel Chevalier et M. Proudhon, et 1 fr. 50 centimes, selon M. Villegardelle.

Mais, sous la providence socialiste, l'homme, le travailleur, n'étant plus stimulé par l'intérêt personnel et comptant sur la tutelle de l'État, travaillerait peu, le moins possible, et la production baisserait nécessairement. J'admets qu'elle se maintienne : toujours est-il que chacun, réduit à la portion congrue, ne saurait épargner, capitaliser. Et quelle économie pourrait faire l'État lui-même, s'il distribuait loyalement à chacun sa part égale des produits? Aucune. Alors comment édifier des monuments, ouvrir des chemins, creuser des canaux? Il est vrai que l'*État* socialiste est le maître de ses sujets; il pourrait donc, comme faisaient les rois d'Égypte, les employer à construire des pyramides, des édifices quelconques. Mais voici une difficulté : comment subvenir, pendant le travail, à leur consommation? Les rois d'Égypte y subvenaient, mais ils n'assuraient pas l'égalité de salaire et de fortune à leurs sujets; loin de là, il y avait des classes et des castes, des priviléges et des trésors particuliers.

Avec l'égalité socialiste, rien de pareil. Alors la formation des capitaux cesse, et faute de capitaux, la division du travail. Chacun est donc absorbé par la culture, qui, seule, peut lui procurer quelque moyen de vivre. Adieu le commerce et l'industrie! Adieu les sciences et les arts! Ils sont réprouvés, il est vrai, par le socialisme. Pour lui, le commerce n'est qu'un jeu passionnel et intrigué [1], et le talent qu'un faux prétexte, la plus détestable propriété [2]. Rien de plus incompatible, en effet, avec l'égalité de salaire et de fortune, que l'exercice des facultés de l'homme et la liberté qui préside à leur développement.

Le socialisme est la *philosophie de la misère.* Je me sers de l'expression même de M. Proudhon. Et pourtant c'est la misère que le socialisme prétend supprimer.

La suppression de la misère a préoccupé quel-

[1] Proudhon, *Syst. des Contradic. écon.*, t. i, p. 36.

[2] Idem, *Ibid.* t. ii, p. 294.

ques esprits beaucoup plus philantropiques que les socialistes. Vasco, par exemple, écrivit un grave mémoire sur ce sujet, en 1788. Malheureusement, il n'offrit pas au trésor les moyens de réaliser les mesures qu'il proposait. Plus philosophe, Ricci démontra que le seul moyen de fonder la bienfaisance, sans encourager la paresse, c'était de former les mœurs, d'éclairer toutes les classes et de renforcer le caractère moral des masses. La mendicité, disait-il, s'accroît moins en raison de la misère que de la charité. C'est une vérité acquise à l'histoire. En se faisant chrétien, Constantin permit aux pauvres de mendier, et tout l'empire se couvrit de gueux et de vagabonds. Voyez l'Espagne et le Portugal. Avant la réforme des *poors laws*, en Angleterre, le nombre des pauvres s'augmentait chaque année avec les taxes établies en leur faveur.

La vie naît de la mort, dit le Phédon, et la mort de la vie. On peut dire aussi : la pauvreté naît de la richesse et la richesse de la pauvreté. La loi de ce mouvement se tire du rapport de la population aux moyens de subsistances. Si, par des causes physiques et morales démontrées par Malthus, les moyens de subsistances ne peuvent s'accroître avec la même rapidité que la population, il s'ensuit que l'abondance même qui forme la richesse, est la cause de la pauvreté, par ce fait que l'excès de la population est le résultat d'un surcroît de richesse. La réfutation éloquente et déclamatoire de Godwin n'a pas renversé la doctrine de Malthus. Les économistes les plus éminents soutiennent cette doctrine. Le socialisme seul l'attaque. Revenons à M. Pierre Leroux, son plus audacieux assaillant.

Il affirme, lui, contrairement à Malthus, que l'accroissement du capital est beaucoup plus rapide que celui de la population ; il dresse, pour le prouver, trois ou quatre pyramides de chiffres dont le plus intrépide arithméticien serait décontenancé. Mais il passe à côté de la vraie condition du problème. Il ne fait pas attention que les métaux ne se multiplient pas, dans les entrailles de la terre, comme les chiffres sur le papier. Et cependant il l'a dit lui-même, la force de multiplication de l'homme n'est pas limitée, comme le métal, à un bloc prolifique. Viendrait donc toujours un moment où l'accroissement de la population dépasserait celui du capital.

D'un autre côté, il ne s'agit pas de savoir si, grace à l'intérêt de l'argent que M. Pierre Leroux proscrit cependant, le chiffre du capital est plus promptement doublé que le chiffre de la population. Ce qu'il faut observer, c'est que le capital et ses intérêts ne sont pas des moyens de subsistance : ces moyens sont le pain, le vin, la viande, etc., et non l'argent. On se procure ces moyens avec de l'argent, il est vrai, mais, pour se les procurer, il faut qu'ils existent. Si donc le doublement de la population va plus vite que le doublement des moyens de subsistances, peu importe la multiplication légale du chiffre des capitaux : on ne vit ni de chiffres ni d'argent. La question malthusienne subsiste donc tout entière.

Étrange préoccupation que celle de M. P. Leroux, accumulant par ses calculs, capitaux et intérêts, comme si ces intérêts n'étaient pas en grande partie consommés annuellement en moyens de subsistances et de jouissances diverses! Et combien de capitaux, au lieu de s'accroître, se perdent ou s'évaporent dans les mains de l'imprudent, de l'avarice et de l'infortune! Les chiffres de M. Pierre Leroux ne sont que des quantités abstraites qui ne sont propres qu'à charmer une imagination socialiste.

Le plus curieux encore, c'est que M. P. Leroux, pour démontrer l'intarissable fécondité de la nature, affirme qu'en peu d'années, *si rien n'en troublait la reproduction*, une seule plante couvrirait la terre, un seul lapin en produirait un million, un seul hareng en remplirait la mer. Oui, comme vous dites, *si rien n'en troublait la reproduction!* Mais par combien de causes cette reproduction est troublée! Les moutons mangent l'herbe, les loups mangent les moutons, les requins les harengs, l'homme les lapins et tout le reste. La reproduction a des limites très-étroites, à cause même des moyens de subsistance nécessaires aux êtres produits.

Abordons enfin la théorie du *circulus*, la plus drolatique spéculation philosophique et religieuse de M. P. Leroux; la plus *chicarde* bouffonnerie de la plastique bouffonne.

« La nature, dit-il, a établi un *circulus* (cercle)

» entre la production et la consommation. Nous » ne créons rien, nous n'anéantissons rien, nous » opérons des changements. L'homme est, par sa » seule organisation, reproducteur de subsistance. » Nous changeons le pain en fumier, le fumier en » pain. Il est donc impossible que celui qui a mangé » du pain n'en mange pas encore, n'en mange pas » toujours. » La doctrine du *circulus*, d'ailleurs, dit M. P. Leroux, n'est-elle pas virtuellement dans ces paroles saintes : *Pulvis es et in pulverem reverteris*, tu es fiente et tu reviendras fiente? Et là-dessus M. P. Leroux de s'écrier fièrement : « Il » suffisait, faut-il le dire, des excréments de l'homme » pour répondre à Malthus [1]. » Avez-vous rencontré dans le socialisme, dit M. Proudhon, autre chose que vanité et bêtise? Dites si je calomnie.

Aussi, M. Pierre Leroux, après s'être posé cette question : Y aura-t-il toujours des pauvres? soutient la négative. Pour que tout le monde soit riche, il suffit, à l'en croire, de supprimer le capital individuel, c'est-à-dire de permettre aux socialistes de le voler. Cependant, ses mystiques hallucinations faisant trève à sa raison, M. P. Leroux déclare que le bonheur nous est refusé sur cette terre, où habitent avec nous la douleur et la mort. Il reconnait l'existence du mal et le déclare même nécessaire. Car le plaisir et la peine sont les stimulants et la condition de l'activité humaine. Fort bien, M. Pierre

[1] *Malthus et les Économ.*, p. 217.

Leroux. « Ajoutez que, dans la meilleure organisation sociale, la misère comme l'inégalité, est, dans un certain degré, chose inévitable, et que, comme elle aussi, elle est un élément du progrès social. Vous dites qu'elle est incompatible avec la civilisation. Je dis qu'elle en est inséparable. Vous trouvez qu'elle est un mal hideux. Ajoutez qu'elle est un mal nécessaire. Plus l'humanité, dans son développement, avait à redouter l'effet de certains vices, et plus il était essentiel qu'ils fussent entourés de maux capables de l'en détourner. Il est bon qu'il y ait dans la société des lieux inférieurs où soient exposées à tomber les familles qui se conduisent mal, et d'où elles ne puissent se relever qu'à force de se bien conduire. La misère est ce redoutable enfer. C'est un abime inévitable placé à côté des fous, des dissipateurs, des débauchés. » (DUNOYER, *Liberté du travail.*)

XII.

Le socialisme et ses variétés aboutissent au communisme. « Contre quoi, en effet, se sont élevés de tout temps les réformateurs? Contre la propriété. Or, la négation de la propriété, c'est le communisme. » Sur ce point M. Proudhon a raison.

Le communisme, ajoute-t-il : « ce système si simple au dire des utopistes, devient tout-à-coup d'une inextricable complication, si l'on réfléchit que l'homme est un être libre et réfractaire à la police et à la communauté, et que toute organisation qui fait violence à la liberté individuelle, périra par la liberté individuelle. »

Ce n'est pas à l'accroissement de la production que se voue le socialisme; il ne se préoccupe que de la distribution. Et sa préoccupation a-t-elle pour principe une noble inspiration de la bienfaisance? Nullement. Les bienfaiteurs de l'humanité, les vrais philantropes, les hommes dont la bonté du cœur est vive et pure comme les lumières de l'esprit, viennent au secours de l'infortune avec un dévouement plus social et un tapage moins effrayant.

Que veulent les socialistes? ébruiter leur nom, signaler leur jactance, attirer les regards de la foule; aussi, pour y parvenir, ils amorcent les plus grossiers appétits, et échauffent les plus mauvaises passions en remuant les bas-fonds de l'ignorance et de l'envie; puis, après avoir recruté ainsi la paresse, le vice et le crime, ils les conduisent, sous le drapeau de la sédition, à l'assaut de la société.

.... *Gaudent viam fecisse ruina.*

Tel est le vrai, le pur, l'unique socialisme, celui qui, de Muncer, Knipper-Dolling et Jean de Leyde à Proudhon, Pierre Leroux et Louis Blanc a vécu de sophismes et d'illuminisme subversif; celui qui, moyennant l'artifice du langage, la corruption des idées et le constraste d'expression, appelle *liberté* l'oppression ; *égalité* le nivellement ; *fraternité* la guerre et la spoliation.

Je ne courtise pas plus la réaction que je n'encense la barbarie. Je le sais « tout, dans les opinions » et dans les mœurs de notre temps, appelle les » classes laborieuses à un avenir plus heureux et » surtout plus digne. Le mouvement social de notre époque ne peut se faire par parties détachées ; » car il ne s'accomplit ni sous les inspirations exclusives du privilége, ni sous la loi brutale et » inique de l'égalité matérielle, mais au nom de la » liberté et de l'égalité civile, et des plus nobles » principes de notre époque. Il y a profit, élévation » pour tous ; il n'y a abaissement pour personne[1]. »

Voilà ce que la République permet à l'homme éclairé de concevoir et aux bons citoyens de réaliser. La monarchie ne le permettait pas ; elle ne le pouvait pas non plus. Les intérêts dynastiques et ceux qui les appuient, sont incompatibles avec les intérêts du peuple ; et moins le peuple respecte les intérêts dynastiques, plus ils lui sont hostiles. Cela se conçoit. Quelle est l'aptitude du socialisme à réparer les maux de la monarchie ? Qu'est-il ? l'eunuque noir, l'impuissant du sérail, le geolier de la liberté[2], un objet d'horreur, de honte et de pitié.

[1] Rossi, *Introd. à Malthus, Collec. des écon.*

[2] De l'étude des diverses théories socialistes, il résulte qu'il y a deux écoles socialistes, dont l'unité consiste en ce que l'une veut l'absolutisme, comme moyen, et une

Vieux comme le monde et comme l'orgueil des sophistes, il est jeune aussi comme le progrès, qu'il étouffe dans les guenilles d'un philosophisme abruti et d'un religionisme incrédule. Antinomie de la société politique, tribun de l'égalité matérielle et prédicateur de l'appétit animal, il fomente la passion du ventre, insulte la raison et la justice, et périt lâchement sous la force de leur éternelle domination.

Le grand-prêtre du socialisme, M. Proudhon, échangeant la désinvolture de sa doctrine pour la modestie d'une fille bonne à marier, déclare que le socialisme, protestant éternellement contre la raison et la pratique sociale, ne peut être rien, n'est rien [1]; que le progrès social ne peut se développer que sur des antécédents sociaux [2]; que les socialistes, enfin, ne sont que des brouillons, des niais et des blagueurs [3].

Aussi la secte socialiste épuise-t-elle les derniers rayons de sa gloire à colorer le *Nouveau-Monde*, journal dont le feu de pupitre n'a plus de chaleur que pour réchauffer le mérite de l'association volontaire. Mais l'association libre a-t-elle jamais

liberté anarchique, comme but, et l'autre ne voulant que l'anarchie comme instrument, en se proposant le despotisme comme objet final. *Revue des Deux-Mondes*, 1er décemb. 1850.

[1] *Syst. des contr. écon.*

[2] *La Voix du Peuple*, 17 avril 1850.

[3] *Le Peuple*, 23 juillet 1850.

trouvé des contradicteurs? Qu'elle soit, comme le prétend Krause, le nouveau symbole politique et social destiné à rallier tous les amis du progrès et de la liberté rationnelle, tant mieux! personne ne peut craindre une théorie pratique qui respecte la liberté, la propriété et la famille. On pourrait s'étonner seulement que l'association libre, dont les intérêts matériels et les conditions morales ont été si sagement réglémentées depuis les Romains, ne soit encore qu'en état de futur symbole social. Quoi! l'association libre tend la main, depuis des siècles, à la société politique pour l'enrichir et l'éclairer, et la société resterait impassible, aveugle et pauvre! Non, l'homme est trop facile et l'intérêt personnel trop avide pour éviter une poignée de main de la Fortune; et s'il n'aborde l'association qu'avec précaution et mesure, c'est qu'il ne sort pas habituellement de l'épreuve avec l'avantage promis et le succès espéré.

N'importe; est-il encore de ces hommes à projet qui rêvent la construction d'un nouvel édifice social aussi élevé que leur génie incompris? Ce mirage de la folle du logis, ce jeu de l'imagination n'a rien de redoutable; il faut en subir l'effet moral comme un fait élémentaire de la nature humaine. Ce fait est un élément de l'esprit comme la bile est un élément du corps; son action dissolvante est une condition de mouvement et de progrès. L'Empire avait abâtardi la société; deux royautés subséquentes l'avaient atrophiée, corrompue; elle n'avait plus d'ame que l'égoïste aspiration du courtisan, plus de cœur que l'avide hallucination de l'agioteur. Peut-être ne fallait-il pas moins que le socialisme et sa barbarie pour retremper la société, lui rendre l'énergie du mouvement et la relever sur le théâtre de l'humanité et de la civilisation.

Mais sa mission accomplie, qu'est devenu le socialisme? le royal prétexte d'une accusation banale à l'usage de la monarchie contre la République, à l'usage des blancs contre les rouges, à l'usage des vieux partis contre les hommes du progrès et de liberté.

....Nulloque auctore malorum,
Quæ finxere timent...

Le soi-disant parti de l'ordre, les soi-disant modérés feignent jusqu'à la crainte, et leurs royales intrigues ne cessent de provoquer le désordre en immolant toutes les libertés au bon plaisir de la réaction. Quelle secte absurde et lâche que cette lignée servile de la monarchie ! Le jour du combat, elle ne s'oppose pas à la chute de son idole; le lendemain elle célèbre le triomphe pour en partager le butin. On lui arracherait plutôt la vie que ses profits ! Une de ses trois grandes affirmations, selon l'espagnol Donoso Cortez, qui s'y connaît, c'est que Dieu gouverne providentiellement le monde. Soit. Mais pourquoi le monarchisme incrimine-t-il le monde d'aller comme il va? Dieu manque-t-il donc de sagesse et de puissance, ou les monarchiens d'intelligence et de raison? Laissons ces immobiles adorateurs des bornes et marchons avec Hoffmann de Fallersleben, car le poète que la liberté inspire est un missionnaire de Dieu. En avant! « Toujours en avant! Vos conseillers auront beau s'épuiser en avis; vous aurez beau faire et rendre des décrets, employer censeurs et soldats pour enrayer notre temps : tout cela est vain. Toujours en avant! Tout ce qui est vieux doit finir : la victoire appartient à la nouvelle vie, et la nouvelle vie est en train de vaincre. Toujours en avant! »

La raison humaine est un rayon de la sagesse divine qui éclaire la voie du progrès. Il est temps d'y entrer avec des réformes urgentes et de la parcourir avec des améliorations nécessaires. L'instruction et la morale républicaines réclament d'abord un enseignement plus vrai que la majesté des palais et la vertu des jésuites. Seules, les réformes morales peuvent jeter les fondements du bien-être matériel. Mais une condition essentielle de ce bien-être, c'est l'abaissement des charges publiques, si aggravées jusqu'à ce jour par les exigences de la monarchie. Et comment abaisser ces charges, si ce n'est par la réforme des impôts et des abus financiers? Je me retrouve avec le livre de M. de Girardin, le *Socialisme et Impôt*.

XIII.

Le socialisme et l'impôt sont deux mots qui s'excluent l'un l'autre. L'état socialiste, propriétaire de tout, absorbant tout, droits et volontés, n'a pas d'impôt à demander. Il prélève la part de sa dictature souveraine avant de faire à chaque socialiste la distribution de sa part égalitaire. Rien de plus conséquent. Admettant l'impôt, M. de Girardin repousse donc le socialisme. Mais celui-ci ne sort-il par la porte à deux battants que pour rentrer par l'escalier dérobé? L'impôt sur le capital que demande M. de Girardin porte à le croire. Minez d'abord la propriété avec cet impôt, et sa chute dans le domaine de l'État n'est qu'une question de temps.

Pour atteindre son but, il importe à M. de Girardin de démolir le bloc indigeste des nombreux impôts qui nous accablent. Il y procède sans ménagement. Il s'attaque à tout impôt, direct et indirect, octrois et autres. On ne peut frapper avec plus de raison et de vigueur l'odieux impôt sur les boissons, toujours relevé de sa chute par le gouvernement de MM. Bonaparte, oncle et neveu. Ses réflexions sur les douanes ne manquent ni de sagacité, ni de justesse. Il voudrait étendre le principe du Zollwerein et réduire à quatre articles seulement l'innombrable nomenclature qui porte le titre de *Tarif des Douanes*. Ces quatre articles sont le tabac, le sucre, le thé et le café. M. de Girardin pense qu'on pourrait s'entendre sur ce point au moyen de la prohibition commune de la culture du tabac et de la fabrication du sucre de betterave.

Quant à moi, je ne saurais admettre la suppression de cette dernière fabrication. Le sucre est devenu une substance alimentaire, et, depuis l'abolition de l'esclavage, les produits coloniaux ne suffisent pas à l'approvisionnement. D'un autre côté, je n'aime pas l'abus de l'expropriation pour cause d'utilité publique, et c'est un abus que de l'étendre à la liberté du travail et à l'exercice d'une industrie. Et ne serait-ce pas un faux et déplorable calcul, que l'emploi des ressources d'un peuple à détruire une industrie nationale dont la chute compromettrait une foule d'existences et de capitaux engagés? Abaisser le tarif, réformer le système colonial, voilà ce qui convient à la métropole et à ses colonies.

Contrairement à M. de Girardin encore, je me prononce pour le maintien du timbre, mais avec une taxe fortement réduite. Une sorte de cachet national convient aux actes publics. Il contribue à leur donner un caractère plus authentique, et même, en le renouvelant périodiquement, à rendre impossible ou patentes certaines fraudes rétrospectives. Les droits d'enregistrement, selon M. de Girardin, doivent être réduits, modérés, mais rester proportionnels. J'irai plus loin que lui. Le service uniforme que rend l'enregistrement ne doit être rétribué, le cas de vente excepté, que par un droit fixe. Il n'y a pas plus de travail, transcription à part, pour l'enregistrement d'un acte de donation, que pour l'enregistrement d'une simple procuration. L'exorbitance des droits actuels gêne le mouvement des affaires, et accable la propriété. Un droit fixe et modéré serait encore très-productif pour le trésor, et servirait les intérêts privés, surtout si l'enregistrement d'un acte avait un caractère probatif plus respectable que celui dont il jouit encore.

J'adopte sans réserve la réprobation dont M. de Girardin frappe les impôts sur la consommation. Rien de plus juste que cet aphorisme de l'école physiocrate : *Impositions indirectes, pauvres paysans; pauvres paysans, pauvre royaume; pauvre royaume, pauvre souverain.*

En résumé, une transaction amiable est facile entre M. de Girardin et moi relativement aux impôts indirects. Quant aux impôts directs, il y aurait peut-être quelque difficulté à nous entendre sur quelques-uns d'eux ; mais, à l'égard de l'impôt foncier, notre dissentiment est profond, nos opinions inconciliables.

XIV.

M. de Girardin condamne l'impôt foncier, parce que l'égalité de sa répartition n'existe pas, faute d'un bon cadastre. Singulière raison! Si un bon cadastre est nécessaire, faites-le; s'il est impossible, substituez-y une expertise, un moyen quelconque dont le vice d'exécution ne puisse être une injustice pour personne. D'ailleurs, que veut M. de Girardin? L'impôt sur le capital. Or, un bon cadastre est-il plus indispensable pour obtenir une égale répartition de l'impôt sur le revenu que sur le capital? Non, sans doute.

Une seconde objection de M. de Girardin contre l'impôt foncier, c'est qu'il est prélevé directement sur la propriété, sans égard aux charges qui pèsent sur elle.

Cela est, il est vrai, et cela doit être. Chez un peuple libre, nul impôt ne doit être personnel, une capitation affectant les personnes : tout impôt, au contraire, doit être réel, c'est-à-dire affectant les choses seulement. L'homme doit, mais la chose paie. L'impôt dit *du sang*, la milice, n'est point un impôt, c'est une dette, le *devoir* de défendre la patrie. La propriété seule est imposable, ou, pour mieux dire, les revenus seuls; car l'impôt est une charge renaissante qui ne peut être payée que par des revenus reproduits. La condition du propriétaire, ses dettes personnelles ne peuvent en altérer la valeur. S'il en était autrement, un dissipateur n'aurait qu'à grever sa propriété d'hypothèques pour la dégréver d'impôts; ce qui serait également vrai quel que fût l'impôt, sur le capital ou sur le revenu. Bien plus, si les dissipateurs étaient en majorité, la minorité paierait pour tout le monde. Supposez, enfin, que les biens grevés soient vendus, expropriés : l'acquéreur ou l'adjudicataire serait-il fondé à se plaindre que la propriété est grevée de dettes? Je laisse M. de Girardin faire toutes ses menues annotations; tous ces bons propos hors de propos, comme dit Plutarque, et je passe à une autre objection.

« Il est utile, dit M. de Girardin, de se reporter » à l'époque où l'Assemblée nationale, en 1790, » établit l'impôt foncier. Elle était alors tout en- » tière sous l'influence de ce principe de Quesnay et » de Turgot, qui consistait à prétendre que la terre » étant la seule source de revenu, tout le poids des » impôts devait retomber exclusivement sur les dé- » tenteurs du sol. Une erreur économique; telle » est donc l'origine de la contribution foncière. »

Non, telle n'est pas l'origine de cette contribution. Quesnay et Turgot n'ont jamais prétendu non plus que la terre fût la seule source de *revenu;* seulement ils ont soutenu, et jamais on ne prouvera le contraire, que la terre *produit* tout et *salarie* tout. Elle produit toutes les substances que l'homme façonne pour son usage. La *façon* est le produit du *travail* qui modifie le produit brut de la terre, lui donne plus d'*utilité*, et, par conséquent, plus de *valeur*.

Toute utilité, toute valeur est, pour le travail qui l'obtient, un *revenu*. Dirait-on que le germe du revenu est dans la terre? Soit, toujours est-il que la perception du revenu est dans la main du travailleur.

Si la matière première appartient au travailleur qui la façonne, il recueille, en vendant l'objet façonné, le revenu de son travail sous le nom de *bénéfice*. Si cette matière ne lui appartient pas, le travailleur n'est plus qu'un ouvrier qui recueille son revenu sous le nom de *salaire*.

Donc, si la terre a les *produits*, le travail a les *revenus*. Et comme Turgot et Quesnay n'ont jamais soutenu le contraire, l'objection de M. de Girardin s'évanouit.

XV.

L'école physiocrate, il est vrai, professant, avec raison, que tous les produits venaient de la terre, s'imaginait à tort qu'il ne pouvait y avoir qu'un seul impôt rationnel, l'impôt foncier.

D'où venait l'erreur de cette école? elle venait d'une confusion d'idées et de langage qu'il est bon d'éclaircir.

La société, selon les physiocrates, est une superposition naturelle de trois arts relevant d'autant de classes. Ce sont : 1° l'art social ou la classe du souverain et des propriétaires; 2° l'art productif, ou la classe des cultivateurs ou colons, et, 3° l'art stérile, ou la classe des industriels et des commerçants.

« Je range, dit l'abbé Baudeau, les trois classes » suivant l'ordre de leur causalité, c'est-à-dire suivant l'ordre de l'influence ou de l'efficacité des

» travaux de l'une sur les travaux de l'autre, et » sur les fruits de ces travaux. » (*Introduct. à la phil. écon.* ch. II).

Quelques physiocrates font des propriétaires une classe à part. Mais la distinction en travail *productif* ou de culture, et en travail *stérile* ou d'industrie, est généralement admise par l'École. Par le mot stérile, elle n'entend pas dire que l'industrie n'accroît ni l'utilité, ni la valeur des produits ; elle veut dire seulement que le travail de l'industrie suppose un *produit,* une matière première à laquelle il n'applique pas autre chose qu'une forme nouvelle, une *façon.*

Mais, alors, comment le propriétaire et le souverain peuvent-ils être plus productifs que l'industriel et le commerçant?

Est-ce la terre qui produit? ou bien est-ce le travail de l'homme, cultivateur ou propriétaire?

Selon l'École physiocrate, le travail, appliqué à l'industrie, n'est qu'une action de l'homme, du *mouvement*, expression de Le Trosne reproduite par Mill et Rossi ; mais appliqué à l'agriculture, le travail, selon elle, est plus ou autre chose qu'une action, que du mouvement; et, par cette raison tout imaginaire, elle le nomme *productif.*

En quoi donc le travail du cultivateur est-il plus productif que celui de l'industriel? Que le laboureur sillonne la terre avec la charrue, qu'il l'aplanisse avec la herse ou la tonde avec la faulx, ce n'est toujours que du mouvement de l'homme qui façonne le sol, comme le travail de l'ébéniste, par exemple, n'est que du mouvement de l'homme qui façonne le bois. Par sa nature, le travail de l'un ne diffère en rien du travail de l'autre; il n'en diffère que par l'objet auquel il s'applique. Et de là quelle conséquence économique à tirer?

Si donc, dans l'agriculture comme dans l'industrie, le travail n'est que du mouvement, il en résulte de deux choses l'une : ou la terre seule est productive, ou le travail, quel qu'il soit, quand il est utile, est productif.

Aussi les économistes ont-ils éliminé du mot *travail* l'épithète *stérile*. Malheureusement, ils ont corrigé une erreur pour en commettre deux. Considérant le travail dans ses résultats, tantôt *matériels*, comme les céréales du laboureur, les ressorts de l'horloger, les chaussures du cordonnier, etc.; tantôt *immatériels*, comme les services d'un fonctionnaire, d'un artiste, d'un laquais, etc... les économistes ont imaginé des *produits matériels* et des *produits immatériels*, et pour dernière correction, des *produits-choses* et des *produits-services*.

Vicieuse analyse. La terre seule produit, et tout produit est matériel. L'homme seul travaille; et tout travail, n'étant que du mouvement, est immatériel. Quand le colon a labouré son champ, quand le tailleur a fait un habit, quand le palfrenier a étrillé son cheval, le mouvement, une façon est tout ce que ces travailleurs ont produit : et rien de plus immatériel que la façon d'une chose et le mouvement d'un homme : le matériel dans ces trois cas, c'est la terre que l'un a remuée, c'est le drap que l'autre a coupé, c'est le cheval que l'autre a nettoyé.

Quant à la distinction *produits-choses* et *produits-services*, on peut dire que tout produit, considéré dans sa cause, est service, et que tout produit, considéré dans son effet, est chose. Mais ce qu'il y a de mieux à dire, c'est que la distinction dont il s'agit est stérile, n'étant elle-même que le produit d'une idée confuse et d'une locution barbare. Raisonnons.

XVI.

La terre cultivée donne les *produits*.

Le travail donne les *revenus* [1].

La terre salarie tout par la raison qu'elle produit

[1] Tout travail a besoin du corps et de l'esprit, mais tantôt c'est l'esprit qui prédomine, tantôt c'est le corps. L'*Iliade*, par exemple, est tout à la fois une œuvre du corps et de l'esprit d'Homère; mais le travail du poète n'est toujours que du mouvement; aussi, l'*Iliade* n'est-elle point un *produit*, mais une façon, une combinaison de mots et d'idées. Il en est de même de tout travail intellectuel. L'œuvre est-elle bonne? elle donne un *revenu* public et privé : elle répand des lumières dont l'auteur recueille ou doit recueillir un juste tribut. Est-elle inutile? elle est comme la pierre que le voyageur rencontre sur son chemin. L'une peut être employée par le maçon, l'autre par l'épicier.

tout. Mais que salarie-t-elle? elle salarie les agents de la production : le travail, le service, la fonction.

Le travail est l'acte d'un être intelligent et libre : l'homme seul travaille. Un animal, une machine ne travaillent pas; ils font partie du capital.

Le service est l'aide alimentaire du travail. C'est le capital qui rend le service.

La fonction est un service moral. Elle vient de l'*exercice* du droit de propriété et de nationalité Le propriétaire est le fonctionnaire privé, l'État le fonctionnaire public.

Aussi, d'une part, si la terre n'était point appropriée, et, d'une autre, si la possession n'avait ni sécurité ni durée, l'agriculture n'existerait pas; la culture même serait négligée, et, de plus, l'infériorité des produits se joindrait à la ténuité de la production. Qui voudrait, en effet, améliorer la terre, la féconder par l'effort des forces et de l'intelligence, s'il n'était certain ni de jouir des fruits de son labeur, ni d'accroître son bien-être et celui des siens en multipliant ses moissons? Et qui doute que l'abondance des produits particuliers ne fasse la richesse de la société tout entière?

Aussi la fonction de la propriété a-t-elle pour salaire la *rente*, que les physiocrates confondaient avec le *produit net*.

Le propriétaire lui-même n'est donc qu'un salarié. Il l'est doublement même : d'abord, pour son travail, s'il cultive sa terre; puis, pour la fonction du droit et le service du capital, quand même il ne cultiverait pas. Aussi, dans son système d'organisation sociale, Krause dit avec raison que la propriété est un droit élevé à sa double puissance.

Travail, service, fonction, tels sont les agents que la terre salarie. Cette pensée de Mirabeau qu'il n'y a que trois classes dans la société, les salariés, les voleurs et les mendiants, est aussi lumineuse que profonde.

L'idée générale du salaire, chez les physiocrates, est équivoque. La terre salarie tout, ils proclament ce principe. Mais ils professent ensuite qu'une seule classe est salariée par la terre, et que cette classe salarie les autres classes de la société. Quelle est donc cette classe privilégiée? Est-ce la première, celle qui, selon les physiocrates, se compose des propriétaires et du souverain? Est-ce la seconde, celle qu'ils nomment *productive*, c'est-à-dire, les cultivateurs ou colons? Les physiocrates penchent pour celle-ci et se laissent aller vers celle-là. Aussi leur prétention que le seul impôt rationnel est l'impôt foncier, n'est-elle assise que sur une ambiguité.

Au fond, l'erreur des physiocrates venait de leur théorie du produit net.

L'industrie, selon eux, ne donnait à la matière première que de l'utilité : elle n'y ajoutait pas d'autre valeur que celle de la consommation faite pendant le travail. Quelle était la conséquence de ce principe? Que l'agriculture, en définitive, soldait tous les salaires; que ces salaires acquittés, le surplus du revenu territorial se résolvait dans un produit net; et qu'ainsi, pour solder un impôt, on ne pouvait puiser dans une autre source que ce produit.

Mais est-il vrai que la valeur ajoutée par le travail industriel à la matière première, se borne à la valeur de la consommation faite pendant le travail? Ce travail n'a-t-il pas, au contraire, son produit net aussi?

De la terre vient le *produit;* du travail vient le *revenu* ou salaire. Le salaire qui dépasse la consommation du travailleur, est le revenu net de celui-ci. Lorsque le travailleur n'a pas de revenu net, il souffre. Ce n'est pas là l'état normal d'une société libre, tranquille, en voie de progrès.

Les physiocrates ne comprenaient pas cela. Ils ne comprenaient pas non plus que tous les salaires ou revenus que la terre paie au travail, au service, à la fonction, sont de même nature; que nul d'entre eux n'est privilégié, et que tous les salariés, propriétaires, domestiques, laboureurs, commerçants, industriels, savants, ont en quelque sorte une inscription hypothécaire de même rang sur tous les produits de la terre.

Cette vérité peut se démontrer.

Nous avons distingué le produit de la terre du revenu du travail. La terre fournit les choses, le travail les façonne, c'est-à-dire, leur donne de l'utilité et de la valeur.

Le travail façonne non-seulement les choses que

la terre produit, mais il façonne la terre même, lui donne de l'utilité et de la valeur aussi.

Or, voilà donc la terre dominée par le travail; elle et ses produits sont la conquête des travailleurs.

Maintenant quel est le travailleur exclusif de la terre? Est-ce celui qui tient la charrue, ou celui qui façonne le bois dont elle est faite? Est-ce celui qui forge le fer dont elle sillonne le sein de la terre, ou le valet qui pique les bœufs ou fouette les chevaux qui la font aller? Mais le médecin qui remet la fracture du bras ou de la jambe du laboureur; mais l'avocat, le magistrat et le fonctionnaire qui protégent le droit et écartent la fraude et la rapine; mais le physicien et le chimiste, le géologue et le savant qui classifient les terres et le sels, qui déterminent les cultures et les engrais, qui perfectionnent les procédés agricoles et les instruments aratoires, ne sont-ils pas tous également les auxiliaires indispensables de la propriété et de la culture de la terre?

L'industrie agricole, assurément, est l'industrie générique; toute autre industrie n'est qu'une espèce, n'est qu'une branche plus ou moins éloignée du tronc principal. Disons mieux encore : grace à la division du travail, toute industrie n'est qu'un des rouages dont se compose le mécanisme général de l'exploitation de la terre.

L'exploitation de la terre est le travail collectif de la société.

M. Proudhon a dit que la rente du propriétaire

était la meilleure loi agraire, qu'elle opérait entre les individus, comme la douane entre les nations; qu'il résultait de là que toutes les causes, tous les prétextes d'inégalité disparaissaient de la société.

Si ce socialiste eût plus approfondi la question, il eût reconnu que la rente n'est qu'un salaire, et que, à ce titre, elle ne produit que l'effet naturel de tous les salaires; que tous, en effet, ne sont que les dispositions particulières de la loi agraire la plus générale, de la loi d'après laquelle chacun touche selon son droit.

Nulle classe, économiquement parlant, n'est salariée par une autre classe. « Le propriétaire vend la fécondité de sa terre, le fermier son travail et l'emploi de ses avances, le commerçant et l'ouvrier leurs services, etc., etc. [1]. » Ce sont les produits de la terre qui soldent tout. La terre paie au travail, au service, à la fonction un salaire qui, sous la forme de revenu, représente une portion intégrante de ses produits. Les classes vulgairement dites *salariantes*, tels que les entrepreneurs à l'égard de leurs ouvriers, ne remplissent, en dernière analyse, que la fonction de distributeurs des produits de la terre. Aussi qu'un désordre s'introduise dans un des rouages du grand mécanisme social, il en résulte d'abord un trouble particulier et bientôt une perturbation au moins locale, aussi nuisible au bien public que fatal à l'intérêt privé. Si le propriétaire,

[1] LE TROSNE, *de l'Instr. soc.*, ch. II.

l'entrepreneur et l'ouvrier avaient les lumières et les sentiments de justice propres à la recherche et à l'appréciation de leurs véritables intérêts, il n'y aurait plus de révolutions, la source en serait tarie ou le volcan éteint.

Concluons.

Si la propriété, comme tout travail, tout service, toute fonction, est remplie de son salaire concurremment avec tous les autres salariés de la société, serait-il rationnel, serait-il juste aussi qu'elle fût l'assiette d'un impôt exclusif et unique?

Puis, si le salaire du service fonctionnel du propriétaire concourt avec les autres salaires de la production, au partage proportionnel des produits de la terre, serait-il juste, rationnel qu'il fût affranchi de l'impôt foncier qui seul peut atteindre son revenu?

Les physiocrates se trompaient donc en ne faisant porter l'impôt que sur la propriété, c'est-à-dire sur le propriétaire, puisque le salaire de sa fonction n'est point exclusif du salaire que la terre solde à tout travail sous la forme de revenu; et, de son côté, M. de Girardin se trompe en soutenant que l'impôt foncier n'a pour origine qu'une erreur économique.

XVI.

Il n'y a rien de plus tranchant qu'une opinion systématique; elle ne raisonne pas, elle exclut.

M. de Girardin veut un nouveau système d'impôts; pourquoi, dès lors, n'écarterait-il pas en masse les éléments de l'ancien système? D'ailleurs, l'impôt foncier ne porte que sur le revenu, et c'est le capital même que M. de Girardin veut atteindre. Le socialisme justifie cette direction.

L'impôt sur le capital appelle l'unité d'impôt: M. de Girardin la proclame. L'unité est parfois séduisante jusqu'au fanatisme; mais elle ne se pose avec succès qu'en ne s'imposant pas, qu'en prenant la place que lui assigne la raison. Du reste, M. de Girardin allie quelques-uns des impôts actuels à son impôt unique. Ce sont:

1° *L'Enregistrement*, modifié et simplifié;

2° *Les Douanes*, transitoirement au moins;

3° *La Vente* et le monopole des tabacs;

4° *Droits divers*, tels que le contrôle des matières d'or et d'argent, vérification des poids et mesures, etc.

Il ne parle pas de l'impôt de la poste aux lettres. Mais il n'est pas présumable que, maintenant les droits d'enregistrement, M. de Girardin ne maintienne pas aussi l'impôt de la poste; car la poste, tout aussi bien que l'enregistrement, rend un service utile à la société.

Voilà donc déjà une demi-douzaine d'impôts exceptionnels qui s'accolent à l'impôt régulateur de M. de Girardin, à l'impôt sur le capital. Tant d'exceptions ne compromettent-elles pas l'unité de la règle?

Allons toujours, et ne nous arrêtons qu'avec M. de Girardin à l'impôt sur le capital.

Qu'est-ce que le capital? c'est, disent les économistes, cette portion de la richesse *produite* qui est *destinée* à la reproduction.

Affaiblir, rogner, réduire par un impôt ce qui est destiné à reproduire, est-ce, pour le consommateur, une conception heureuse et plausible?

M. de Girardin va plus loin. Un meuble de salon, des tableaux, une bibliothèque, une somme prêtée, placée de quelque manière que ce soit; enfin, un approvisionnement de blé, de vin, de denrées quelconques, ce sont autant de capitaux, de matière imposable.

Bien plus, une somme prêtée ne serait-elle pas un double capital? — Capital pour le prêteur qui perçoit un intérêt, et capital pour l'emprunteur qui, s'il en a payé une dette, s'est enrichi, et qui, s'il en a soldé une acquisition, a capitalisé. Toujours est-il que le prêt, en droit, transfère la propriété de la somme à l'emprunteur, qui n'est tenu de rendre qu'une valeur égale.

Alors qui paiera l'impôt sur le capital? Sera-ce le prêteur ou l'emprunteur? Le paieront-ils l'un et l'autre?

Et si l'emprunteur dépense la somme prêtée en plaisirs, en bombance, que deviendront le capital et l'impôt? Le prêteur, quelque compromis que soit sa créance, paiera-t-il l'impôt sur le capital jusqu'à ce que l'insolvabilité du débiteur soit démontrée, ou bien jusqu'à ce qu'il ait déclaré qu'il renonce, contre celui-ci, à toute réclamation?

Le système de M. de Girardin, on l'aperçoit déjà, n'est pas comme une *solution* du *Constitutionnel*, il ne va pas tout seul.

On le verra mieux encore dans le livre suivant.

LIVRE II.

DE L'IMPÔT SUR LE CAPITAL.

> Contre la justice et la raison, l'esprit n'a que des armes de verre.
>
> DUPONT, de Nemours.

J'aborde la seconde partie du livre *le Socialisme et l'Impôt*. M. de Girardin y débute par une épaisse superposition d'épigraphes d'une très-vaine élucidation. Que demande-t-on aux épigraphes? Le germe d'une théorie, le fruit d'une doctrine, la fleur d'un sentiment. M. de Girardin les traite avec moins de délicatesse. Aussi, parcourez l'étalage qu'il en fait! la plupart sont étrangères à son sujet, plusieurs y sont indifférentes, quelques-unes diamétralement opposées. Mais, grace à son intelligente facilité, M. de Girardin use de cet abus pour *originaliser*, passez-moi le mot, la fragilité de ses conceptions. Il veut éblouir, surprendre, fasciner l'esprit de son lecteur, besogne qui n'est presque qu'un jeu du sien. Avec une sorte de prestidigitation, il vous jette des poignées de fleurs des magasins Mina ou Chagot, bien certain qu'à vos yeux, son artifice aidant, le pêle-mêle gracieux et varié des couleurs artificielles surpassera la fraîcheur roséenne des fleurs qui tiennent au sol, l'embaument de leurs parfums et l'embellissent de leur éclat. N'est-ce pas à cette finesse, à cette ruse du talent qu'il doit plus d'une boutade de la haine, plus d'un accès de l'envie? Pour ne point sortir du sujet, je ne citerai que ce passage : « Enfin, il a fait du » bruit, c'est tout ce qu'il voulait, son but était at- » teint; et maintenant il rit lui-même de la niai- » serie et de la stupidité de ses admirateurs [1]. » Je crois que M. de Girardin a plus de souci de se faire des admirateurs que de plaisir à se rire de leurs faiblesses; il s'admire trop lui-même pour faillir aux conditions d'une heureuse célébrité. Pour moi, j'aime mieux encore la stérile abondance des épigraphes de M. de Girardin que le dédain affecté de l'érudition dont se pare son adversaire. Est érudit qui veut, soit; mais, avant tout, est érudit qui peut; car l'érudition n'est pas une friandise qui naisse du fumier d'une écritoire comme un champignon. Si l'orgueil de l'autorité apparaît quelque part, c'est bien dans l'opinion isolée qui, éclose

[1] GUIGARD, *de l'Impôt sur le revenu*, p. 47.

d'une prétention personnelle, se pose en Minerve sortant du cerveau de Jupiter. L'érudition aiguise le tranchant des opinions, et le concours des opinions en accroît les forces probantes. Aussi peut-on dire avec Bayle, qu'il n'y a pas moins d'esprit à bien employer la pensée d'autrui, qu'à puiser dans son propre fonds.

Assez parlé du frontispice de l'édifice de M. de Girardin. Il est temps d'en pénétrer l'enceinte.

Eye nature's walks, shoot folly as it flies.

I.

Un membre de la première Constituante, Morin, disait en cette célèbre assemblée : « Vous ne chercherez plus, comme on l'a déjà fait, dans les impôts, ou dans leurs détails, ce qu'ils ont de bon! On l'a déjà dit, il n'y en a pas de ce genre; ils ne peuvent être que moins onéreux respectivement aux autres; dans l'alternative fâcheuse, dans le choix forcé d'un mal, il faut choisir le moindre. »

Cette opinion, émise en 1790, n'est-elle qu'une erreur aujourd'hui? La théorie de M. Émile de Girardin porte à le croire. A l'entendre, en effet, quel bien l'impôt sur le capital ne produirait-il pas? Impulsion du travail, extension du commerce, évolution de l'industrie, accélération de mouvement de la circulation monétaire, association du talent et du capital, profonde élucidation du crédit et rapide formation des fortunes; tout cela et bien autre chose encore viendrait de cet impôt comme la manne tombe du ciel; comme une bénédiction de Dieu !

Je regrette que M. de Girardin ne soit que le desservant d'un culte dont M. Proudhon est le grand-prêtre. La *Voix du Peuple*, dans son numéro du 3 décembre 1849, disait, en effet :

« La réforme économique consiste, d'un côté...
» à faire perdre au capital son revenu; d'autre part,
» à abolir tout le système des impôts actuels... et à
» les remplacer tous par un impôt unique à titre de
» prime d'assurance sur le capital. »

La fiscalité du socialisme, l'impôt sur le capital, n'est que le premier coup de marteau du démolisseur de la société, du niveleur de la misère commune et du créateur de la paresse égalitaire. Aussi, pour faire accepter cet impôt, le socialisme et M. de Girardin le placent-ils sous l'invocation de ce mot magique : *simplifier*.

J'aimerais mieux *coordonner*. L'homme qui n'aurait qu'un bras et qu'une jambe serait simplifié, sans doute; mais en serait-il plus robuste à la lutte et plus agile à la course? Non. De même, le meilleur système financier est celui qui se coordonne avec l'économie sociale de façon à produire le mouvement le plus facile et le moins fatiguant. *Sæpe decipimur specie recti*. La théorie de l'impôt ne se fonde pas plus sur la simplification que la théorie de la justice. Il est divers éléments sociaux, au contraire, dont il faut tenir compte pour apprécier l'influence de la justice et de l'impôt sur la prospérité et les mœurs des nations.

Les idées simples nous séduisent; les physiocrates y puisaient la justification du pouvoir absolu. Quel mécanisme politique plus simple, en effet, que celui qui n'a d'autre rouage qu'un despote, un Louis XIV ou un Napoléon Bonaparte?

II.

Notre époque s'est posé un grand problème économique, celui de la péréquation de l'impôt, de sa répartition proportionnelle aux moyens ou facultés de chacun.

Et, d'abord, que faut-il entendre par moyens et facultés?

Le cultivateur, le campagnard qui possède un immeuble de 20,000 fr. produisant 3 pour 100, a-t-il plus de facultés, de moyens pécuniaires que le médecin, l'avocat, l'artiste qui, n'ayant pas un pouce de terre, gagne 25,000 fr. par an?

A-t-il plus de facultés même que le chef de bureau, le prote d'imprimerie, le contre-maître, le mécanicien, l'employé d'un établissement quelconque ayant 10, 15, 20 fr. d'appointements par jour?

La liberté, la sécurité, l'exercice d'un talent, d'une profession, d'un art, sont-elles moins précieuses à l'individu, et d'une protection moins onéreuse à l'État que la liberté, la sécurité de la jouissance d'une terre, d'un portefeuille, d'un fonds industriel ou commercial ?

Telles sont les questions préliminaires, ou, pour mieux dire, les conditions résolutives du problème dont il s'agit.

III.

Ces questions, pourtant, M. de Girardin ne les a point aperçues, s'il ne les a pas écartées. Ce qu'il veut, comme M. Proudhon, c'est un impôt unique à titre d'*assurance* dont la prime serait 1 pour 100 du capital.

Or, qu'est-ce que le capital ? Selon M. de Girardin, ce n'est pas seulement cette portion de la richesse produite et destinée à la reproduction, c'est tout ce que l'on possède en argent et billets, en meubles et immeubles, en droits et actions sur l'État et sur les particuliers.

Ainsi, une bibliothèque de 50,000 fr., un mobilier de 50,000 fr., une galerie de tableaux de 50,000 fr, payeraient à l'État la même prime d'assurance, c'est-à-dire le même impôt qu'une terre, qu'une créance, qu'une rente sur l'État, qu'un établissement industriel de 50,000 fr.

Au contraire, les revenus d'un talent, d'une profession, d'un art, quelque importants qu'ils fussent, n'auraient pas besoin d'assurance, c'est-à-dire ne seraient pas imposables.

La théorie de M. de Girardin n'est-elle pas fondée sur une fausse notion de l'assurance, et sur une notion défectueuse du capital?

IV.

D'abord, fausse notion de assurance.

L'assurance, évidemment, implique une convention volontaire entre deux parties contractantes, l'assureur et l'assuré, ayant des intérêts opposés.

Est-ce là le rapport de l'État aux citoyens, aux contribuables? Non. En effet, qu'est-ce que l'État? C'est, d'une part, la société en acte, et, d'une autre, l'agence personnelle de la société.

Or, comme *société en acte*, l'État ne contracte pas, ne peut pas contracter : il législate, il contraint, il impose; et, comme *agence personnelle*, il n'est que mandataire. En cette qualité, il est comptable, envers la société en acte, des marchés qu'il passe avec des entrepreneurs ou fournisseurs

M. de Girardin se méprend sur l'objet du contrat d'assurance comme sur son caractère.

L'État, dit-il, *assure* un droit à la protection publique, à la justice gratuite, au culte à l'enseignement, etc.

L'État, à quel point de vue? La liberté, la sûreté, la justice, le culte, l'enseignement, sont l'objet des institutions et des lois qui constituent l'État, et l'exécution de ces lois et de ces institutions est l'objet de son administration, de son mandat.

M. de Girardin ne fait-il pas de l'État une entité fantastique ou socialiste?

La liberté, la justice, le culte, l'enseignement, etc., sont des besoins sociaux dont la satisfaction impose des charges sociales; mais la négation de ces besoins et de leur satisfaction n'est point un sinistre assurable; un gouvernement qui ne donne pas la liberté, la justice, le culte, l'enseignement, n'est point assimilable à une compagnie d'assurances qui ne remplit pas ses engagements : c'est un gouvernement anormal, un despotisme personnel qui disparaît le jour où le pavé suspendu sur sa tête lui tombe dessus et l'écrase.

D'un autre côté, l'assureur est un spéculateur qui expose ses capitaux à des chances. L'État ne peut être un spéculateur, il n'a pas de capitaux à lui, il ne manie que l'argent des contribuables.

Enfin, l'assureur a un intérêt distinct de celui de l'assuré : l'État n'a pas d'autre intérêt que celui de la société dont il est l'expression ; il ne peut que faire un emploi déterminé des sommes qui lui sont allouées pour les dépenses publiques.

On objecte à M. de Girardin qu'il veut forcer tout le monde à se faire assurer, bien que le contrat d'assurance soit essentiellement volontaire.

« Trouveriez-vous juste, répond-il, que celui qui » ne vous aurait versé aucune mise de fonds, prêté » aucun concours, vînt participer aux bénéfices

» d'une exploitation qui serait la vôtre? A quel titre » le simple curieux qui n'aurait pas payé sa place » prétendrait-il assister à un spectacle où chacun » aurait payé la sienne? La société est un vaste » amphithéâtre où l'on est libre de ne pas entrer ; » mais, si l'on veut s'y asseoir, le moins qu'on » lui doive, n'est-ce pas le remboursement de sa » quote-part des frais? »

Réponse vague et ambiguë. De quelle société s'agit-il? Si c'est d'une société d'assurance, chacun est libre d'en être actionnaire assureur ou tiers assuré. Le caractère de l'assurance, dit M. de Girardin lui-même, est d'être volontaire.

Est-ce de la société politique que vous parlez? Alors ne dites pas qu'on est libre de ne pas y entrer : on n'est libre que d'en sortir : son vaste amphithéâtre, selon votre expression, contient nécessairement tout le monde; le billet d'entrée de chacun est son acte de naissance ; le plus humble individu y est acteur et spectateur ; il n'y a de curieux que l'étranger.

Laissons donc tous ces abus de mots, tout ce figurisme ; et, au lieu d'obscurcir la question avec un vain artifice de langage, posons-la nettement et clairement.

Tout national, étant de droit membre intégrant de la société politique, comment doit-il contribuer aux frais et charges qu'impose l'administration de cette société?

Il est de toute justice que chacun y contribue proportionnellement aux avantages qu'elle lui procure.

Pour cela, l'impôt serait-il plus justement assis sur le capital que sur le revenu?

Je le demande, celui qui gagne 10,000 fr. par an dans l'exercice d'une profession, d'une industrie, n'a-t-il pas un aussi grand intérêt que le petit capitaliste, le petit propriétaire, au maintien et au progrès de la société? Est-ce que la jouissance du revenu n'a pas un aussi grand besoin de protection et de justice que la jouissance du capital? Et celui qui n'a que des revenus professionnels et littéraires n'est-il pas, aussi bien que le possesseur d'immeubles, acteur et spectateur dans le vaste amphithéâtre de la société? Celui-ci ne jouit-il pas du spectacle aussi agréablement que celui-là? L'un n'a-t-il pas tout aussi bien que l'autre de quoi prendre son billet au bureau? Les frais de la représentation coûtent-ils plus au directeur du théâtre pour le premier que pour le dernier?

Ce serait le cas même de retourner contre M. de Girardin son propre raisonnement : « Trouveriez-» vous juste que celui qui ne vous aurait versé au-» cune mise de fonds, prêté aucun concours, vînt » participer aux bénéfices, etc...? A quel titre le » simple curieux qui n'aurait pas payé sa place » prétendrait-il assister à un spectacle, etc...? » Vraiment, il ne serait pas juste que le bénéficiaire de 10, 15 ou 20 mille fr. de revenus industriels, professionnels ou littéraires, fût dispensé de prendre son billet au bureau et pût jouir du spectacle *gratis*.

J'emprunterai à M. de Girardin un autre argument contre son propre système.

L'impôt, dit-il, doit être la prime d'assurance payée par ceux qui possèdent, pour s'assurer contre tous les risques... « et, au premier rang de ces ris» ques, nous inscrirons le cas de sinistre *par suite » de révolutions;* car, s'il est un moyen de les pré» venir, c'est de les prévoir; c'est de ne pas atten» dre, pour opérer les réformes, que l'heure des » concessions ait sonné. »

Mais comment l'impôt sur le capital, mieux que l'impôt sur le revenu, pousserait-il aux réformes, préviendrait-il les révolutions?

Comment l'État, s'il était assureur, pourrait-il restituer la valeur assurée, lorsqu'il serait renversé par une révolution?

Est-ce que ceux qui possèdent, comme dit M. de Girardin, ne payaient pas assez d'impôts à la monarchie pour qu'elle les assurât contre tous les risques et sinistres?

Enfin, est-ce que l'argent versé à titre d'assurance aurait plus d'efficacité que l'argent versé à titre d'impôts?

Encore un mot sur l'assurance. Supposons une inondation qui ravage deux ou trois de nos départements. L'État assureur réparerait-il le sinistre? Il dégrèvera, je le conçois, les contribuables de ces départements. Mais s'il leur restituait ce qu'ils ont perdu, ce ne pourrait être qu'aux dépens des départements qui n'ont pas souffert. Il s'ensuivrait que les contribuables de ceux-ci supporteraient le mal qu'ont éprouvé les contribuables de ceux-là.

Évidemment, l'impôt-assurance n'est qu'une fausse notion de l'assurance et de l'impôt.

V.

Examinons cependant la question d'une assurance mutuelle.

Il y a déjà quelques associations de cette nature. Elles ont leurs statuts, et quiconque veut bien s'y soumettre, devient associé tout à la fois assureur et assuré. Une administration sociale, un personnel salarié, gère les affaires de la société ou compagnie.

Si tous les membres de la société politique consentaient à former une société d'assurance mutuelle, aurait-elle le caractère de l'assurance? Sans doute, puisque tous feraient entre eux un contrat volontaire. Mais, par ce fait, l'État deviendrait-il assureur? Non; l'assureur ce serait chacun des associés assurés.

D'ailleurs, l'assurance, ayant pour fin la crainte d'un mal possible et la garantie de sa réparation, ne s'appliquerait toujours qu'au mal, qu'au sinistre prévu. Or, la liberté, la justice, le culte, l'enseignement, ne peuvent être l'objet d'un contrat d'assurance, ils ne sont pas des sinistres assurables; conditions essentielles, au contraire, de la société, leur violation est un fait de despotisme dont la répression appelle une réforme et peut justifier une révolution.

Enfin, s'il est de l'assurance d'être volontaire, elle ne peut être mutuelle aussi qu'autant que chacun veut bien accepter les clauses et les conditions qui en sont la fin et les moyens. Supposez qu'une minorité s'y refusât : la majorité pourrait-elle l'y contraindre par voie d'autorité parlementaire, par une loi? Ce serait fausser, dénaturer le caractère du contrat; ce serait violer le sens propre de l'*assurance* pour y substituer arbitrairement le sens impératif de l'*impôt*. Un sage législateur n'a pas plus la prétention d'opérer des réformes utiles en abusant des mots qu'en falsifiant les choses.

Il ne reste qu'un moyen d'élever l'État à la dignité, à l'autonomie financière d'assureur fiscal: c'est de mettre l'État sur le trône du socialisme. Alors, revêtu de la triple couronne politique, religieuse et industrielle de MM. Proudhon, Pierre Leroux et Louis Blanc, l'État exercera la souveraineté du but, n'importe la violence et l'absurdité des moyens.

VI.

A mon sens, M. de Girardin se fourvoie doublement, lorsqu'il traduit l'impôt en assurance et lorsqu'il limite le capital à une épargne matérielle, sans distinguer dans celle-ci même ce qui est livré à la consommation de ce qui est destiné à la reproduction.

Les facultés de l'homme, les capacités acquises ne sont-elles pas les capitaux originels et primordiaux? Le sens radical, étymologique du mot capital ne vient-il pas du mot *caput*, la tête?

Les capitaux intellectuels et moraux sont une accumulation d'études, d'expériences et de réflexions. Les capitaux matériels en sont d'abord les revenus épargnés, et puis les moyens auxiliaires. L'intelligence et la morale, l'expérience et la raison, sont les producteurs et les conservateurs de tous les capitaux.

C'est une fausse science économique que l'économie politique qui n'a d'autre assise que le matérialisme. La richesse, soit publique, soit privée, ne se mesure pas à la toise, ne se détermine pas au poids. Les *capacités travailleuses*, pour me servir de l'expression de M. Proudhon, sont des forces productives, des richesses individuelles et nationales. Say, Storch, Rossi, Dunoyer, tous les économistes reconnaissent et proclament cette vérité.

Aux yeux du socialiste même, toute capacité travailleuse est un capital; seulement ce capital ne s'appartient pas, il n'est qu'une fraction du tout social, un sujet solidaire de l'État, en un mot, un fragment du capital social collectif.

Dans la saine économie politique, il y a cette

différence que la capacité travailleuse s'appartient; qu'elle est libre et personnelle; qu'elle est partie intégrante de la souveraineté et non sujette solidaire de l'État. Elle exerce donc librement ses forces et ses facultés, et le fruit qu'elle recueille de son activité est pour elle un capital individuel et exclusif.

Cependant, ce capital intellectuel, ce capital productif, qui n'est pas moins protégé par l'État social que tout autre richesse, ce capital est à l'abri de l'impôt-assurance proposé par M. de Girardin.

Le socialisme, il est vrai, pour supprimer l'intérêt personnel, mobile de l'activité, supprime la liberté, fondement de la justice, raison de la morale, cause de la société. Il ne comprend pas que la suprême sagesse est d'être personnel avec droiture[1]. La perfection, à ses yeux, est de *simplifier, d'anarchiser* l'ordre social, de l'approcher du troupeau[2], de le transformer en ruche dont chaque abeille, en construisant instinctivement son alvéole, se creuse machinalement la source égalitaire du bien-être commun.

L'impôt sur le capital est le meilleur moyen de tout simplifier. Saper le capital, en effet, c'est procéder à la confiscation partielle de la propriété;

[1] *It is the height of wisdom to be rightly selfish.* (SHAFTESBURY, *caract.* I. 121.)

[2] *Voy.* le chap. V du mémoire *Qu'est-ce que la propriété?* par M. PROUDHON.

c'est atteindre jusqu'à la source de la production; c'est travailler au nivellement du sol et préparer l'avénement de la communauté et de l'égalité de misère.

VII.

J'ai parlé, en commençant, d'un cultivateur ou campagnard qui possédait un immeuble de 20,000 fr., au produit de 3 p. 100, soit 600 fr. Selon M. de Girardin il paierait un impôt-assurance de 200 fr.

Pour se soustraire à cet impôt ruineux, l'héritier de ce cultivateur vend l'immeuble; il en emploie le prix à son éducation, à l'acquisition d'une science, d'une profession, soit libérale, soit mécanique. L'exploitation de ce capital intellectuel lui procure annuellement un revenu de 10, 15 ou 20,000 fr.

Serait-il juste qu'il ne payât aucun impôt, et que, du balcon du théâtre de la société, il jouît du spectacle gratis?

Séduit par l'esprit de système, M. de Girardin déserte la raison et blesse la justice. Assurément, si le travail est protégé par l'État, la capacité travailleuse doit contribuer aux frais de l'État en raison de la protection qu'elle en reçoit. La sécurité et la protection légale dont jouissait le propriétaire de l'immeuble de 20,000 fr. n'étaient ni plus justes, ni plus nécessaires, ni plus onéreuses que celles dont jouit l'héritier qui l'a vendu pour se créer une position beaucoup plus lucrative.

Qu'on ne dise pas qu'il serait difficile, indigne même, d'imposer le travail, le talent, les facultés de l'homme. L'impôt est-il nécessaire? alors tout associé doit être imposé proportionnellement aux avantages que la société protége et lui garantit.

Et puis, ce ne sont pas les talents et les facultés, ce ne sont pas les capitaux intellectuels qu'on impose : nul capital ne doit être imposé, car imposer la source de la production c'est en préparer la suppression : ce que l'on impose, ce que l'on doit imposer, c'est le revenu, c'est le produit qui laisse intacte la force productive. Cette force, loin de l'énerver, il faut, au contraire, en accroître l'énergie, en favoriser le développement, en multiplier les résultats.

VIII.

Voici comment M. de Girardin formule l'impôt sur le capital :

« Que vaut ce que vous possédez? Qu'estimez- » vous ce que vous avez crainte de perdre? Vous » ne possédez rien, donc vous n'avez rien à per- » dre, donc vous n'avez rien à assurer ; alors » l'État ne réclame rien, si, de votre côté, vous » n'avez *rien à lui demander.* »

Si vous n'avez rien à lui demander! Mais ces derniers mots ne sont-ils pas la condamnation du système de M. de Girardin? Il n'y a personne, en effet, qui n'ait à demander à l'État la protection que l'État doit à tout le monde. Le plus humble artisan même a la crainte de perdre sa liberté, le plus précieux bien de l'homme ; il demande à l'État et à droit d'en exiger toute la sécurité due à l'exercice de son industrie.

Voilà donc M. de Girardin qui, tout en réclamant l'impôt sur le capital, fait ses réserves pour l'impôt sur le revenu ! Ajoutez que ces réserves sont clairement motivées par une masse d'épigraphes, de citations ou de phrases d'économistes, de philosophes, de publicistes qui, tous, ont parlé plus ou moins scientifiquement de l'impôt, en général, de sa nécessité, de sa juste répartition, etc., mais dont aucun n'est l'inventeur ou le prôneur de l'impôt sur le capital.

Il y a mieux encore. Dans un passage de Sully que M. de Girardin cite, on voit que, selon l'habile ministre d'Henri IV, la mise que chacun doit apporter dans la vie civile devrait être proportionnée aux avantages qu'en retire le contribuable, et prélevée sur des *bénéfices,* ce qui veut dire, évidemment, sur des *revenus.* M. de Girardin cite même Adam Smith et Vauban et s'appuie sur leur opinion, qui n'est rien moins que favorable à la sienne. La sienne, dis-je, en tant qu'elle est relative, bien entendu, à l'impôt sur le capital.

Mais, enfin, quelle serait véritablement l'opinion réfléchie de M. de Girardin, si l'on ne tenait pas plus compte des opinions contradictoires qu'il invoque, que de l'agitation systématique qui le tourmente? Est-ce le revenu? est-ce le capital? est-ce l'un et l'autre qu'il veut imposer?

Andiam, chè la via lunga ne sospigne.

IX.

« L'impôt sur le revenu, dit M. de Girardin, dé-
» courage l'esprit d'entreprise et de progrès; au
» contraire, l'impôt sur le capital l'encourage, le
» stimule, le récompense. »

N'est-ce pas tout le contraire qui est vrai?

Le laborieux ouvrier qui dépose ses économies à la caisse d'épargne n'accueillerait pas volontiers, sans doute, l'impôt sur le capital. L'idée d'un intérêt modeste, qui va s'accumulant et grossissant le capital, stimule son activité, encourage son économie; mais l'idée de la confiscation partielle de son capital le découragerait : il n'épargnerait plus, il épargnerait moins, ou dissimulerait et compromettrait son épargne. Il la compromettrait, car la théorie de M. de Girardin menace le capitaliste d'une peine, d'une préemption[1], d'un droit seigneurial, s'il cache ou ne déclare pas exactement son capital.

[1] Droit qui autoriserait l'État à s'emparer du capital même, en remboursant au capitaliste la somme inférieure qu'il aurait déclarée.

L'impôt sur le capital, dites-vous, encourage, stimule, récompense l'esprit d'entreprise, soit. Mais le capital est-il inerte et le capitaliste immobile et désintéressé? C'est d'excès contraires que le socialisme les accuse. Socialiste, M. de Girardin ne peut le contester. Si donc on imprimait une nouvelle accélération de mouvement au capital, ne serait-ce pas le jeter dans l'exaction, le vertige et le délire qui en épuiseraient la force, en troubleraient l'économie, et en consommeraient la ruine? Ce mouvement fiévreux que M. de Girardin provoque ne deviendrait-il pas un fléau? ne causerait-il pas la chute de toute entreprise? ne serait-il pas la contradiction de tout progrès?

Un fait incontestable, c'est que l'impôt sur le capital atteint la source de la production, l'épuise progressivement et finirait par la tarir. Certes, en moins d'un siècle, l'assurance-impôt de 1 p. 100 absorberait le capital même par le triple fait de la distraction partielle de ce capital, de la suppression proportionnelle du revenu, et de l'amoindrissement progressif du moyen d'alimenter le capital et le capitaliste; de sorte que le petit-fils, grace à l'action absorbante de ce développement composé, se trouverait complètement dépouillé de l'héritage de son aïeul.

L'absorption de la propriété par l'État, il est vrai, est le point de mire du socialisme. Est-ce le même but que M. de Girardin poursuit?

Objecterait-il que l'intérêt ou le revenu, dépassant la prime-impôt, cette prime serait soldée par le revenu ou par l'intérêt? que dès-lors le capital, quel qu'il fût, resterait intact?

D'abord, il n'en serait point ainsi pour le mobilier, les livres, les tableaux, les bijoux, qui ne produisent rien. Quant au capital productif, il est évident que la prime-impôt en absorberait tellement l'intérêt ou le revenu, que le décroissement de l'un et de l'autre, comme je viens de le dire, serait progressif, rapide et ruineux.

Et puis, si le revenu est le garant naturel de cet impôt, ne serait-il pas plus simple pour *simplifier*, comme dit M. de Girardin, de poser en principe que l'impôt n'a de véritable assiette que le revenu?

L'impôt sur le capital ne peut que stimuler la fraude et la ruse, décourager l'épargne et le travail, nuire aux sciences et aux arts. Accuser le capitaliste d'inertie, et dire qu'un retranchement partiel de son épargne est un stimulant, n'est-ce pas comme si l'on disait que pour faire marcher un paresseux il faut l'estropier?

X.

Un impôt unique, selon M. de Girardin, aurait de grands avantages sur les impôts multiples.

Je ne sais, mais je veux bien admettre cette unité, et, sans crainte de la violer, je veux bien aussi, comme M. de Girardin, les autres trois ou quatre petits impôts qu'il maintient.

Mais, après tout, l'impôt sur le revenu ne serait-il pas aussi propre que l'impôt sur le capital à justifier l'unité d'impôt?

Écoutons M. de Girardin :

« Bien que M. Vauban ait dit : Il faut avouer que » si l'impôt sur le revenu avait lieu, rien ne serait » plus grand ni meilleur; à la vérité (poursuit M. de » Girardin), Vauban ajoutait : il ne faut pas toute- » fois mêler l'impôt sur le revenu avec d'autres » impositions, parce qu'il est censé avoir perçu » tout ce qu'il était susceptible de percevoir; au- » trement, ce cerait s'exposer à tirer d'un sac plu- » sieurs moutures. »

Donc, selon Vauban, l'impôt sur le revenu, pourvu qu'il soit unique, est préférable. Nous avons déjà vu que c'était l'opinion de Sully; j'ajouterai que c'est aussi l'opinion d'un publiciste anglais, de sir Edelyn Tomlins, qui s'exprime ainsi : « L'impôt » sur le revenu se montre fort productif, et, s'il » était justement et équitablement réparti, ce serait » le plus loyal et le plus désirable de tous les im- » pôts[1]. » Je pourrais encore citer M. Thiers, *de la Propriété*, liv. IV.

Cependant, M. de Girardin blâme M. Passy de

[1] It (the income tax) proved a very productive tax; and if duly and equitably imposed, it would be the fairest and most desirable of all taxes. (LAW, *Dict.* v° *Tax*.)

n'avoir pas compris que l'impôt sur le revenu était un impôt vexatoire, qui n'avait pas même les avantages de l'impôt exclusif.

Mais en quoi donc l'impôt sur le revenu serait-il plus vexatoire que l'impôt sur le capital?

Sans doute, il est certains revenus dont l'appréciation, la détermination offrirait de grandes difficultés. Comment déterminer, par exemple, le revenu d'une profession libérale, d'un art, d'une industrie? Ce serait difficile, mais pas impossible.

Serait-il plus facile et moins vexatoire d'apprécier la valeur d'un capital engagé, prêté, circulant dans les affaires, caché dans un coffre, enfoui dans un portefeuille?

Et comment évaluer même une créance hypothécaire, lorsqu'il serait douteux qu'elle vînt en ordre utile, que l'inscription fût valable, ou bien lorsque l'immeuble grevé serait déprécié par un accident, par une crise financière, par un événement politique?

Comment encore rechercher et préciser les capitaux de celui qui, pour échapper à l'atteinte de l'impôt, les placerait dans des banques ou maisons de commerce à l'étranger?

Il n'y a pas jusqu'à la fixation du capital immobilier qui n'offrît de grandes difficultés; un cadastre même ne saurait ni les atténuer, ni les résoudre. Un fait historique vient à l'appui de cette vérité. De 1355 à 1372, les lois, les relations commerciales, militaires et diplomatiques de Florence s'étendirent et compliquèrent les relations de la vie sociale. « On fit, dit M. Delécluze, une espèce de cadastre pour apprécier la valeur des biens-fonds sur lesquels les capitalistes prêteurs pussent avoir recours. Mais la nature variée des biens et les mutations continuelles de possesseurs en rendirent bientôt l'établissement et l'usage impossibles[1]. »

M. de Girardin, qui signale si vivement les vices et l'impuissance du cadastre tenté de nos jours, n'ignore pas non plus, je pense, l'impuissance et les vices inévitables des cadastres qui ont été tentés sans succès par quelques gouvernements de l'antiquité et du moyen-âge.

Persistera-t-il encore à soutenir que l'impôt sur le revenu est un impôt plus vexatoire et moins susceptible d'une assiette équitable que l'impôt sur le capital? Il en est bien libre. Qu'il sache pourtant que tout le monde n'aura pas pour son système la passion ou la partialité d'un père.

> Élans, faiblesse, attrait de la nature!
> Chacun sourit à sa progéniture :
> Pour trouver beaux des enfants qui sont laids,
> Il n'est rien tels que de les avoir faits.

[1] *Florence et ses Vicissitudes*, t. I, ch. IX. — Sur la difficulté d'apprécier le capital territorial par un cadastre, on peut consulter Ad. SMITH, *Wealth of the nations*, Book V, ch. II, 2e part.

XI.

« Si la richesse d'un pays, dit M. de Girardin,
» est en raison de la vitesse imprimée à la circu-
» lation monétaire sous toutes ses formes, l'im-
» pôt le meilleur sera incontestablement celui qui
» communiquera au travail et à toutes les transac-
» tions l'activité la plus grande. »

La proposition est irréprochable en soi, mais l'impôt sur le capital en est-il la plus saine application? Je ne le crois pas.

D'abord, je ne saurais concevoir comment un impôt quelconque peut accélérer la circulation monétaire. Il n'est pas moins inconcevable qu'un impôt qui attaque la source de la production puisse communiquer au travail et aux affaires la plus grande activité. Le travail, en effet, exige le capital, et les affaires supposent la production. Or, on ne peut admettre que les affaires croissent à mesure que la production et le capital diminuent; ce serait une contradiction que l'affaiblissement de la cause impliquât une extension d'effet. Au surplus, la vitesse que l'on imprimerait à la circulation monétaire par l'impôt sur le capital, serait comme celle que l'on imprimerait au cheval en lui coupant le jarret : quelque provocante que fût la douleur du moment, la course ne serait pas de longue durée.

Et puis la circulation monétaire a-t-elle besoin de provocation? « Par la première de toutes les

» lois naturelles, dit M. de Girardin, la loi de con-
» servation, le capital cherche sans relâche l'inté-
» rêt le plus élevé. »

Oui, le capital est avide de gain; sa passion de multiplier le rend même par trop entreprenant; mais si la loi de conservation le porte si naturellement aux excès, ne serait-il pas aussi dangereux qu'immoral de le stimuler encore, de le prostituer? Ne serait-ce pas le pousser imprudemment dans l'abîme des plus folles spéculations, des projets les plus aventureux et des plus ruineuses entreprises?

Certes, le moyen d'accélérer la circulation monétaire n'est pas de vider les poches des contribuables dans les sacs de l'État. Un moyen beaucoup plus sûr, il me semble, serait d'inspirer aux capitalistes de la confiance et de la sécurité par une loyale exécution des lois et par une politique normale, éclairée, nationale. Quand la paix publique n'est point inquiétée par l'orgueil et l'ambition dynastiques; quand l'insolente couardise des vieux partis ne se relève pas pour se constituer en sédition permanente; quand chacun, en toute sécurité, peut exercer son industrie, jouir de son travail et disposer de son épargne, alors la confiance et la prospérité communes élargissent les voies de la circulation monétaire sur toutes les places du commerce, de l'industrie et de l'agriculture. Étrange illusion, que voir dans l'impôt sur le capital la cause d'un pareil effet!

Denina fait observer avec raison que Florence,

grace à la facilité avec laquelle les métiers (*arti*) et le commerce lui fournissaient de l'argent, avait toujours, sans milice nationale, les meilleures troupes et les meilleurs capitaines à son service; que de là résultait une espèce d'égalité de fortunes et de puissance entre les divers États ou Républiques d'Italie; et qu'ainsi Florence était le riche marché de la plus active circulation monétaire [1]. Commerce, force, union, liberté, voilà, certes, une cause de circulation monétaire tout autrement sûre et productive que celle que l'on peut systématiquement attribuer aux froides et stériles étreintes d'un impôt. Un dernier mot. Que M. de Girardin médite cette réflexion du célèbre auteur du mémoire *Il Colbertismo*, de Mengotti : « Le numéraire est » essentiellement rebelle aux ordres de la loi : il » vient sans qu'on l'appelle, s'en va quoiqu'on l'ar- » rête, sourd aux avances, insensible aux mena- » ces, attiré seulement par l'appât des profits. »

XII.

« Frappé d'un impôt, dit M. de Girardin, le capital abandonnera la terre qui ne produit que 2 ou 3 pour 100 au plus, pour se porter sur la rente, qui produit 5 pour 100. »

Je ferai observer à M. de Girardin que la valeur de la terre suit le cours de la rente, et que, par cette

[1] *Delle Rivoluzioni d'Italia*, lib. XVIII, ch. III.

raison, lorsque la rente se cotait à 125 pour 100, la valeur de la terre était à son apogée. Quelle est la raison de ce phénomène économique? M. de Girardin ne s'en enquiert pas.

La terre et la rente ont leur niveau économique dans la différence même de leurs éléments d'appréciation.

Base du capital matériel et garantie normale du crédit, la terre sera toujours la meilleure assise de la valeur. Placé dans le giron de sa mère, le capital y croît avec l'instinct et la spontanéité du jeune âge. Parvenu à l'âge de la force et des passions, il se produit dans le monde avec plus ou moins d'agitation et de succès. Il prospère quand il se conduit avec prudence et modestie; il s'égare quand il cède à sa pétulante intempérance, et se perd sur les écueils lorsqu'il se livre follement aux flots orageux de l'ambition.

Mais, pourquoi le capital, frappé d'impôt, et, par-là, menacé dans la plénitude de son existence, ferait-il, sous le poids d'une chaîne, ce qu'il ne fait pas en pleine liberté? Les moyens compressifs seraient-ils plus heureux contre le capital, qu'ils ne le sont contre la liberté de parler et d'écrire?

Il me suffit de poser ces questions pour inviter M. de Girardin à les méditer.

Enfin, M. de Girardin voudrait-il provoquer, encourager l'agiotage? Sur ce terrain, je me joins aux socialistes contre lui. D'ailleurs, j'avertis M. de Girardin qu'il fait encore fausse route. S'il veut sérieusement que le capitaliste porte son argent à la Bourse en le retirant de la terre, il ne doit pas provoquer la hausse de la rente; et il provoquerait cette hausse si, comme il le dit, l'impôt sur le capital retirait l'argent de la terre pour le porter à la Bourse.

XIII.

Aux illusions de M. de Girardin se joignent diverses contradictions.

Le capital se dirigeant vers la Bourse, l'industrie et le commerce, dit ce publiciste éminent, le prix de la terre baisserait, et, par cette raison, le paysan, n'ayant plus un si grand nombre de concurrents, deviendrait plus facilement propriétaire.

J'ai dit plus haut que la valeur de la terre se nivelait avec le cours de la bourse, avec le cours progressif de l'industrie et du commerce.

Ici, je suppose le contraire; alors je pose cette question à M. de Girardin : Est-il désirable que la terre baisse de prix, et que la petite propriété se multiplie encore?

Oui, semble dire M. de Girardin, et cependant il félicite l'Angleterre de la concentration de la propriété dans un petit nombre de mains. Puis il ajoute : « Là où le sol continuera d'être morcellé,
» n'espérez pas que le goût des grandes et loin-
» taines entreprises se développe jamais, que les
» capitaux s'enhardissent, qu'ils bravent les ris-
» ques des expéditions à longs termes. »

Une fois en veine de critiquer la petite propriété, M. de Girardin blâme l'égalité des partages écrite en notre code; il s'élève contre le morcellement qui fait hausser le cours, dit-il, des matières premières et des denrées alimentaires; il veut que ce cours baisse, et, par-là, cesse de faire obstacle à l'essor de notre industrie.

Ainsi, M. de Girardin repousse la petite propriété et veut que le paysan devienne petit propriétaire. Le socialisme, on le sait, ne recule devant aucune contradiction.

Quant à la critique que M. de Girardin fait si légèrement de notre code civil, voici les réflexions qu'elle me suggère:

Quelques années avant la révolution de 1789, Arthur Yong, voyageant en France et voyant tout au point de vue d'un esprit anglais, déplorait déjà la division des propriétés. Il vantait les grandes fermes de la Beauce, de la Picardie, de la Normandie et de l'Artois, qui lui rappelaient celles d'Angleterre. Si on venait à y rencontrer de la misère, dit-il, il y a vingt à parier contre un que ce sera une paroisse en possession de quelques communaux qui séduisent le pauvre en l'engageant à élever du bétail, *à devenir propriétaire, et, par conséquent, misérable*. Mac Culloch aussi, dans un article de l'*Edinburg Review*, en 1823, prédisait la ruine et la misère de la France par la division de la propriété résultant de nos lois sur les successions.

Arthur Yong et Mac Culloch se sont trompés

sur l'effet de la division de la propriété en France. « Quelque jugement que l'on porte sur les conséquences économiques de cette diffusion, il faut reconnaître encore qu'elle a contribué à élever la moralité de la nation ; car l'homme s'ennoblit en réalité par la possession du sol [1]. »

A ce sujet, M. Léon Faucher, auteur de l'article que je cite, fait une remarque fort judicieuse : c'est que les dispositions du code civil sur les testaments dont on s'est fort exagéré les résultats, ont agi plutôt comme un *obstacle à la concentration*, que comme un instrument de division. J'ajoute avec M. Passy : « Sans doute le désir d'obtenir les avantages attachés à l'acquisition de la terre est d'une extrême vivacité au sein des classes rurales ; mais ce désir n'a pas l'aveuglement qu'on lui suppose, et sous lui se forment naturellement des habitudes de prévoyance et d'économie qui finissent par l'éclairer et le contenir dans de justes bornes. » Enfin, il est une raison péremptoire à donner : « c'est que le droit commun, en matière de propriété, suffit à toutes les exigences de la prospérité sociale. Le droit commun, c'est la justice dans les relations des hommes, soit entre eux, soit avec les choses, et la justice, franchement appliquée, n'a que des résultats conformes au bien général [2]. »

[1] *Revue des Deux-Mondes*, nov. 1836. — La cause des petites propriétés a été admirablement défendue dans un travail publié en 1820, par M. Adrien de GASPARIN.

[2] PASSY, *Des divers Syst. de culture.*

XIV.

« Les capitaux timorés, dit M. de Girardin, ont » une tendance trop grande à se disputer le sol, à » se le partager en parcelles. »

Et pourquoi donc appelez-vous le petit capitaliste, le paysan à la propriété?

« Il faut arrêter, ajoute-t-il, cette tendance excessive; l'impôt sur le capital l'arrêtera; l'impôt » sur le capital apprendra à l'épargne le chemin de » l'industrie, les voies du commerce et la grande » route de la mer. »

L'impôt sur le capital, j'en conviens, peut tout arrêter; il peut arrêter non-seulement le morcellement, mais encore la formation de la propriété. Il peut même l'absorber et la détruire.

Qu'est-ce que les capitaux timorés? Ce sont, selon M. de Girardin, les capitaux du paysan, de ce petit propriétaire qui pourrait tout aussi bien acheter de la rente que de la terre, et qui préfère celle-ci, bien que le revenu en soit moins élevé que l'intérêt de celle-là. — Ces capitaux, M. de Girardin veut leur apprendre le chemin de l'industrie, les voies du commerce et la grande route des mers, et l'impôt dont il les grève est le professeur émérite de sa doctrine.

Mais M. de Girardin ignore-t-il que livrer son argent à l'industrie, c'est l'exposer trop souvent aux chances de la mauvaise comme de la bonne gestion ; c'est l'exposer quelquefois même à la fraude et à la rapine des flibustiers? Et M. de Girardin a-t-il une connaissance bien exacte des intérêts du *commerce extérieur*, pour y pousser à tort et à travers les capitaux qu'il appelle *timorés?*

Je ne prétends pas que le petit capitaliste pénètre mieux ces questions que M. de Girardin lui-même; mais, à mon sens, l'instinct du capitaliste timoré est plus habile que la science du publiciste. Le capitaliste, en effet, pressent à merveille que la terre est plus solide que l'État même, et que si son champ, comme la mer, n'offre pas un coup de filet à la fortune, il n'engloutit, non plus, ni le fruit de son travail, ni le trésor d'une existence indépendante, laborieuse et dirigeant elle-même ses propres intérêts.

Les gros capitaux sont-ils plus timorés ou moins soigneux de leur prospérité que les petits?

Mais, s'ils se portent sur la terre, ils constituent la grande propriété que préconise M. de Girardin; s'ils se portent sur l'industrie et le commerce, ils obéissent encore à ses prescriptions. Dans l'un et l'autre cas, ils se conforment à cette loi de propre conservation qui, selon M. de Girardin lui-même, met le capital libre à la poursuite de l'intérêt le plus élevé, et, j'ajoute, de la spéculation la plus sûre.

Et vous croyez encore — étrange contradiction! — que le capital a besoin de la grace efficace d'un impôt pour se conformer à sa loi naturelle? Convenez-en donc, ce qu'il faut au capital, c'est de la liberté, de la sécurité et de la prudence. Lorsque le chemin des Indes et le Nouveau-Monde furent découverts par Vasco de Gama et Amerigo Vespucci, les capitaux florentins se ruèrent dans les plus vastes entreprises ; leur audace n'avait d'autre règle de conduite que leur ambitieuse ardeur ; aussi qu'arriva-t-il ? que le commerce, la banque et la liberté de Florence devinrent la proie des faillites et du despotisme.

« Courez toujours aux plus gros intérêts, dit M. de Girardin. Vous ne le voulez pas ; eh bien, l'impôt vous y obligera ! »

Mais qui donc s'y refuse ? Et n'est-ce pas une plaisante contradiction que l'encouragement du gros intérêt en face de l'amoindrissement du capital ?

D'ailleurs, un grand propriétaire ou un capitaliste quelconque, fût-il certain que son capital serait plus productif dans une voie nouvelle que dans celle où il se trouve engagé, pourrait-il le retirer de suite et le replacer par des procédés aussi faciles que les évolutions de langage de M. de Girardin sont rapides ?

Bref, que l'impôt sur le capital arrête le morcellement du sol ; qu'il apprenne à l'épargne le chemin de l'industrie et du commerce sur terre et sur mer ; qu'il soit même une panacée contre la fièvre jaune et le choléra, personne n'y consentirait plus volontiers que moi, vieux feudataire du tillac et du feu tropical. Mais ce qui me crispe et m'irrite la membrane pituitaire, c'est ce raisonnement de douanier, que la confiscation partielle du capital communique une vertu plus énergique à sa force productive. J'aimerais autant que l'on me dit qu'en supprimant en partie une source dont le cours arrose une prairie, le reste en acquiert une plus grande puissance d'irrigation.

XV.

« Toutes les nations, dit M. de Girardin, dont » le commerce a jeté un grand éclat, sont des na- » tions qui, ayant à lutter contre l'exiguïté de leur » territoire, ont dû chercher la puissance et la pros- » périté dans l'immensité des mers. Exemples : Car- » thage, Venise, la Hollande, l'Angleterre. »

Ce fait historique justifie-t-il l'impôt sur le capital? Cet impôt qui, selon M. de Girardin, est un stimulant des affaires, était-il connu, pratiqué chez les peuples précités? M. de Girardin nous laisse courts d'information sur ce point. Aussi, tiens-je pour certain que l'impôt sur le capital est complétement étranger au phénomène industriel qu'il signale. Ce phénomène tient à des causes plus naturelles, à des lois plus intimes que l'action plus ou moins nuisible d'un impôt quelconque. La vie des peuples, leur caractère et leur destination providentielle sont toujours en rapport, non-seulement avec le territoire qu'ils occupent, mais encore avec la configuration même de ce territoire. L'explication philosophique de cette observation se trouverait au besoin dans le *Cosmos* de M. de Humboldt et dans les *Idées de la philosophie de l'histoire* de Herder.

Et que savons-nous du commerce des peuples de l'antiquité? Il ne nous reste pour preuve de leur course maritime que le Périple d'Hannon, et presque la certitude que les castes libres abandonnaient tout trafic à leurs esclaves. *Omne ignotum*, dit Tacite, *pro magnifico est*. Quant aux peuples commerçants des temps modernes, excepté l'Angleterre dont le jour viendra, que sont-ils devenus? Après avoir conquis le bien-être, ils ont fondé l'aristocratie, tourmenté leurs richesses (*divitias suas trahunt, vexant*) et disparu sous le despotisme.

Je l'admets, d'ailleurs, Carthage, Venise, la Hollande, l'Angleterre durent, en raison même de l'exiguité de leur territoire, se livrer instinctivement à la navigation et au commerce.

De même, obéissant à son instinct de force et de conservation, la France doit prendre, pour point d'appui de son lévier économique, le sol même si vaste, si varié, si fécond sur lequel repose sa grandeur et sa puissance. L'agriculture, d'ailleurs, est la base rudimentaire du bien-être matériel d'un grand peuple; elle est de plus la cause de sa force, le fondement de sa durée et l'appui de sa perpétuité sociale; elle est, enfin, la source vive et rapide du progrès intellectuel, moral et politique d'une nation appelée à tenir haut et ferme le drapeau de la raison, de la liberté et de la civilisation.

Les peuples essentiellement navigateurs, industriels et commerçants, jouissent-ils d'une plus grande somme de bonheur que les peuples agricoles? Nullement. Font-ils de plus grands progrès dans les sciences, dans les arts, dans l'art de vivre surtout? Pas davantage. Tout au contraire, le bien-être matériel et moral des masses reste borné, limité, mesuré par la dominante influence des nobles et des riches qui, pour se partager le pouvoir et les jouissances de la société, poussent ces masses dans les entreprises lointaines, la colonisation et l'exil. Tel est, en Angleterre, le but du monopole aristocratique du *Corn-law* (lois des céréales), du système colonial et du régime militaire et sacerdotal qui assurent le pouvoir de la richesse aux aînés de la noblesse, la domination des emplois aux puînés, les avenues du commandement et de la fortune aux cadets, et le choix des aventures, de l'émigration et de la misère au prolétariat.

XVI.

L'impôt sur le capital, à croire M. de Girardin, est un diamant à mille facettes d'où rayonne la prospérité sous mille couleurs éblouissantes.

« Souvent, dit-il, le crédit manque au talent;

» souvent aussi le talent manque au crédit. » Alors que faire? Établir un impôt sur le capital, et de suite le crédit et le talent se rapprocheront et apprendront à vivre ensemble et à s'entr'aider.

Qu'est-ce à dire? Le riche industriel n'a-t-il pas toujours appelé l'ouvrier le plus actif, le contremaître le plus habile? Le négociant n'a-t-il pas toujours recherché le commis-voyageur le plus retors, le plus insinuant? Et quelle industrie, quel trafic ne recrute pas toujours l'auxiliaire le plus intelligent, le plus apte à seconder ses projets, à féconder ses entreprises? Les collaborateurs de M. de Girardin ne sont-ils pas des hommes d'élite comme lui?

Peut-être M. de Girardin prétend-il que l'impôt sur le capital multiplierait les associations dont le socialisme fait tant de bruit, et qui aboutissent à si peu de chose. Mais qui et quoi gêna jamais la formation des associations volontaires? Prétendre qu'un impôt, une contrainte quelconque les multiplierait et les ferait prospérer, c'est par trop se faire illusion à l'endroit de leur caractère et de leur importance. Les associations volontaires sont aussi vieilles que le monde; elles ont été prévues et sagement réglementées par toutes les législations. Pourquoi ne se sont-elles pas plus multipliées et développées? Pourquoi? Je vais vous le dire : c'est que la formation et le succès d'une association exigent plus qu'une mise de fonds, plus que du talent, plus que du crédit; ils exigent en outre et surtout une mutuelle confiance, un égal sentiment d'ordre et d'activité, une certaine sympathie de mœurs et de caractère, d'opinions et de penchants entre les associés. Je ne parle pas de la tendance de l'homme à commander et de sa répugnance à obéir, surtout à son égal; je ne mentionnerai pas davantage son inclination à présider lui-même à la direction de ses propres intérêts. Aussi que voit-on et que verra-t-on encore et toujours? Que la plus complète réunion des conditions sociales n'a jamais été et ne sera jamais, quoi qu'en dise le socialisme, inaccessible à l'éternel dissolvant des querelles personnelles et domestiques, querelles plus ou moins justifiées par des faits positifs ou par la simple mobilité de goût, d'intérêt et de volonté de l'un ou de plusieurs des co-associés.

XVII.

L'impôt sur le capital est si merveilleux qu'il ne peut manquer de fonder le crédit.

« Le crédit, selon M. de Girardin, est un Nou-
» veau-Monde découvert, mais à peine exploré. Les
» plus audacieux osent seuls s'y hasarder... Pour-
» quoi? C'est que le crédit, qui devrait être la
» clarté, est encore l'obscurité... L'impôt sur le
» capital la dissipe entièrement. Il fait luire la pu-
» blicité dans tout son jour. »

Non, le crédit n'est point un Nouveau-Monde; il a été découvert et savamment exploré par des financiers de Venise, de Gênes et d'Amsterdam surtout. M. de Girardin, pour s'en assurer, n'a qu'à lire *Gilbert's history and principles of banking*, dont je ne connais pas de traduction. Il y verra que le crédit n'est pas dans une si profonde obscurité qu'il le prétend. Si le crédit n'est point encore parfaitement éclairé, du moins est-il doué d'un instinct d'une grande finesse. La police d'assurance, qui, selon M. de Girardin, doit énoncer tout ce que chaque assuré possède, n'est qu'une lueur trompeuse dont l'éclat n'a pas la pureté de l'irradiation naturelle du crédit lui-même.

D'un autre côté, si la police d'assurance d'un assuré-contribuable prouvait la valeur financière de celui-ci, ne lui suffirait-il pas d'une fausse déclaration pour se créer un crédit imaginaire? Ne serait-ce pas donner carrière à l'escroquerie de crédit et même aux escrocs?

Je suppose même le plus honnête homme, le capitaliste le plus loyal. Il déclare qu'il possède cent mille francs dans l'industrie, dans le commerce, dans la dette hypothécaire. Comment apprécierez-vous son crédit, si vous ignorez — ce que nul ne peut savoir, — quel est le bilan de son commerce de terre et de mer, de son industrie agricole et manufacturière, des établissements industriels ou financiers, auxquels il est intéressé, et quels sont le rang de son inscription hypothécaire et la valeur de l'immeuble hypothéqué?

Nul impôt ne peut favoriser, élucider le crédit;

seul, l'impôt sur le capital peut le compromettre. En effet, que la police d'assurance soit faite avec exactitude ; qu'elle mette parfaitement au jour la situation de l'assuré, eh bien ! tel homme qui inspirait de la confiance la veille sera démonétisé le lendemain de la description de sa fortune. Cela est tellement vrai que Florez-Estrada remarque avec raison que plus d'un négociant préférerait un impôt arbitraire à une exacte appréciation de son avoir.

Au surplus, le crédit ne repose pas uniquement sur le fait du capital et sur la preuve de ce fait ; il repose aussi sur la fermeté, la solidité de son existence ; et cette existence, l'impôt sur le capital la menacerait continuellement. Le crédit repose encore sur la manière dont en jouit ou l'exploite son possesseur. A capital égal, le producteur a plus de crédit que le viveur, le travailleur que l'oisif, l'économe intelligent que le dissipateur ou consommateur splendide.

La vertu œcuménique du système de M. de Girardin ne saurait ternir ces éclatantes vérités.

Et puis, qu'entend M. de Girardin par crédit? Il entend la preuve exacte de ce que l'on possède. Mais est-ce là le point d'arrêt du crédit ? Une banque, une compagnie d'assurance bien organisées, ont du crédit pour des millions avec quelques centaines de mille francs ; c'est un fait journalier, incontestable.

Le crédit, en effet, consiste à se poser de manière à inspirer de la confiance, à la justifier par des actes d'intelligence, d'administration et de probité notoire; à réaliser à temps toutes les espérances que l'on a donné lieu de concevoir. La vie du crédit est physique et morale. M. de Girardin n'entend rien au crédit, s'il n'y voit qu'une question de calque, d'image ou de copie.

XVIII.

Dans la main de M. de Girardin, c'est vraiment une baguette magique que l'impôt sur le capital. Qu'il en touche n'importe quel mal de la société, il le change, le transforme à l'instant en bien. « L'impôt sur le revenu, au contraire, offre tous » les inconvénients du sable mouvant sur lequel il » faudrait construire une jetée ou un port. »

Mais qu'est-ce que le revenu, si ce n'est le produit du capital? Le capital détermine donc le revenu, et, réciproquement, le revenu détermine le capital. Il est donc aussi facile de fixer, d'apprécier l'un que l'autre.

Supposons un domaine ou capital immobilier de 100,000 francs. Le revenu en est aussi parfaitement appréciable que la valeur capitale. Ce revenu peut varier chaque année; un incendie, une inondation, une grèle, une gelée peuvent l'affaiblir, l'interrompre même temporairement. Mais ces accidents, ces phénomènes détériorent, affaiblissent aussi le capital. De plus, les crises commerciales, financières et politiques ne rendent-elles pas encore les capitaux plus incertains que les revenus?

Même en temps normal, si l'impôt sur le capital, selon M. de Girardin, pousse les capitaux, soit dans les entreprises lointaines, soit dans les spéculations non moins aventureuses de la bourse, comment le capital, galopant sous l'éperon de l'impôt, prendrait-il plus de fixité que le revenu? A quel instant de ce mouvement accéléré serait-il saisissable de manière qu'on pût en fixer et préciser la valeur?

Quel est même le capital fixe d'une rente sur l'État? Il est à la merci du cours variable de la bourse et d'une foule d'événements dont les résultats sont incalculables. De tous les capitaux, pourtant, c'est le plus net et le plus positif. Eh bien! il n'a rien de fixe que le revenu, il n'a de certain que l'intérêt annuel.

XIX.

Maintenant j'aborde deux objections que M. de Girardin s'est faites et qu'il a résolues à sa façon.

Un individu, dit-il, possède deux millions de fortune, dont une moitié en meubles, livres et tableaux, et l'autre moitié en immeubles et en rentes sur l'État. Que payera-t-il? 1 pour 100 du capital total, sans distinction.

« S'il ne se trouve pas assez riche, dit M. de

» Girardin, pour payer la satisfaction d'un goût ou » la conservation d'un luxe, il en sera quitte pour » vendre ses livres, ses tableaux et ses meubles, » et replacer différemment le capital. »

Est-ce atteindre, se demande-t-il, les arts et les industries? *Oui*, répond-il; il y aura moins de riches galeries, de somptueux mobiliers, mais il y en aura cent fois plus de médiocres. Alors ne fallait-il pas répondre, *Non?*

Mais, M. de Girardin le conçoit; cent médiocres ameublements ne sont point aussi favorables aux arts et à l'industrie qu'un seul mobilier somptueux. Cent lapins blancs, disait je ne sais plus quel lord anglais, ne font pas un cheval blanc.

Et puis, qui voudrait acquérir le somptueux mobilier que le riche aliénerait pour se soustraire à l'impôt dont M. de Girardin le frappe? On peut se soumettre à l'impôt seulement pour conserver une possession acquise; mais il n'est personne qui ne se refusât toute superfluité pour l'éviter.

M. de Girardin veut forcer le capital de courir après le revenu, et malheureusement, mutilé qu'il serait par l'impôt, il ne pourrait y courir qu'en boitant. N'importe, supposons qu'il courre à toutes jambes : ne voilà-t-il pas les frères en socialisme de M. de Girardin qui vont l'accuser d'avidité, ce diable de capital, s'il ne leur offre pas gratuitement ses services? Comment arranger tout cela? Le voici : le capital, chassé des somptueux ameublements, ira se loger dans les associations! C'est la route, selon M. de Girardin, qui mène à une fortune rapide.

Arrêtez-vous devant cette terre promise, si vous n'aimez mieux aller en Californie.

Et nous, passons à la seconde objection.

Deux avocats, dit M. de Girardin, gagnent chacun 60,000 fr. par an. L'un dépense 10,000 fr. et économise 50,000 fr. qu'il place. L'autre dépense tout ce qu'il gagne. Ils ont chacun un mobilier de 10,000 fr.

Le viveur ne payera que 100 fr. d'impôt, 1 p. 100 de son capital. L'économe payera le même impôt, plus 500 fr. pour les 50,000 fr. qu'il place.

« Vous trouvez cela juste, » dit M. de Girardin. Pourquoi? C'est que le viveur, ajoute-t-il, est un agent de la circulation qui accomplit une utile fonction en accélérant le mouvement du numéraire. Les ouvriers et les marchands amassent ce qu'il dépense. L'État prélèvera toujours son assurance-impôt sur le possesseur, n'importe qui, Pierre ou Paul.

On ne peut choquer plus directement les principes de la morale, de la justice et de l'économie politique.

Si le viveur est, en effet, un agent de la circulation, un fonctionnaire utile, concluons-en que la plus importante fonction de la société est de vivre étourdiment, sans prévoyance et sans crainte de l'avenir. Pourquoi, dès lors, les ouvriers et les marchands économiseraient-ils ce que l'avocat dépense? Ne serviraient-ils pas mieux la société s'ils dépensaient aussi leurs profits, que s'ils les accumulaient? La théorie de M. de Girardin mène droit à la débauche et à la misère.

« On a souvent observé, dit Ad. Smith [1], que les habitants d'un village important, après avoir fait de grands progrès dans l'industrie manufacturière, sont devenus pauvres et paresseux, parce qu'un grand seigneur était venu se fixer dans leur voisinage. » Et pourquoi deviennent-ils pauvres et paresseux? Parce que le grand seigneur, comme l'avocat viveur dont parle M. de Girardin, consomme improductivement ses revenus, donne l'exemple du plaisir et du vice auxquels l'espèce humaine est si disposée, et, par sa générosité, sa bienfaisance même, favorise l'oisiveté en nourrissant l'indigence. Quelques pages plus loin, le célèbre économiste ajoute : « Quelle que soit la véritable richesse d'un pays, produits ou numéraire, toujours est-il que tout prodigue se montre un ennemi public, et tout judicieux économe un bienfaiteur de la société. » Je crains plus encore, comme le dit Rousseau, un mauvais exemple qu'une mauvaise action.

L'économe, en effet, préserve sa famille de la misère, ménage un salaire à l'ouvrier et conserve à l'infortune le denier de l'assistance. Mais l'économe n'est pas l'égoïste, l'avare, le satisfait et le

[1] Wealth of the nat. Book II, ch. VIII.

repu; tous ces torses sans cœur, véritables éponges sociales qui provoquent les révolutions et donnent aux révolutionnaires la tentation de les presser des deux mains.

Enfin, le viveur a tout aussi besoin que l'économe de la protection de l'État. Pourquoi donc les deux avocats dont parle M. de Girardin, ayant des revenus égaux, ne contribueraient-ils pas également aux charges publiques? S'il y avait une faveur à accorder, ce ne devrait pas être à celui qui mange tout, fait des dettes et laisse une famille dans la pauvreté.

On a pu le remarquer, M. de Girardin a une idée fixe : la circulation. Que l'argent circule, selon lui, tout est là. Mais suffirait-il, pour féconder un champ, d'y faire circuler vingt tombereaux de fumier? Non; il faut encore que ce fumier soit répandu convenablement et que la terre ne soit pas un tuf stérile. De même, il ne suffit pas que l'argent circule, qu'il aille par caisse du trésor à Bordeaux, et de Bordeaux au trésor; il faut, avant tout, une voie productive, un champ spéculatif qu'il puisse féconder. Il faut une cause objective de mouvement; le mouvement n'est qu'un effet, et M. de Girardin prend l'effet ponr la cause.

XX.

En résumé, la théorie de M. de Girardin repose sur une fausse analogie de l'assurance, et sur une fausse appréciation de la nature de l'impôt.

1. *Fausse analogie de l'assurance.* Car l'État n'étant que la société en acte, il ne peut y avoir deux parties contractantes qui, sous la sanction d'un pouvoir supérieur, puissent se lier et s'obliger réciproquement par un contrat synallagmatique, tel que le contrat d'assurance. De plus, comme agent de la société, l'État n'est qu'un mandataire comptable, tandis que la qualité d'*assureur* implique un pouvoir indépendant et une autonomie financière dont l'État est complètement destitué. Il ne reste, pour justifier le système de M. de Girardin, que la souveraineté du but. La formule de cette souveraineté est le socialisme, dont le dernier mot est le communisme.

2. *Fausse appréciation de la nature de l'impôt.* Car l'impôt n'est que l'expression des parts contributoires de chacun aux frais d'administration de la société politique. Aussi, relativement au contribuable, l'impôt est un sacrifice personnel, et, relativement à la société, une exigence nécessaire. L'impôt n'est donc pas une chose bonne en soi. Il ne peut donc produire aucun des effets magiques que M. de Girardin, grace au prisme de son imagination, a découvert dans l'impôt sur le capital.

Enfin, M. de Girardin ne se condamne-t-il pas lui-même?

« Le propre de l'impôt, dit-il, est d'être forcé. Le » caractère de l'assurance est d'être volontaire. »

Il serait à craindre qu'une assurance volontaire ne répondît pas aux besoins du gouvernement. C'est pour parer à ce danger que M. de Girardin rend l'assurance forcée. Mais alors son plan financier est-il autre chose qu'une évolution de mots? Quelle différence entre l'impôt et l'assurance forcée?

Si M. Proudhon a raison de nommer *blagueurs* les socialistes, puis-je avoir tort d'appeler une *blague* la théorie de M. de Girardin?

XXI.

Il me reste à rechercher s'il y a quelque fait historique qui puisse, comme précédent, justifier l'impôt sur le capital.

Il n'a point échappé à un illustre économiste de nos jours que les hommes d'État de la Grèce attachaient une grande importance aux questions de finances. « C'était une science difficile dans un » temps, dit-il, où les dettes publiques ne permettaient pas de grever l'avenir des charges du pré» sent. Les dépenses extraordinaires pesant de tout » leur poids sur le contribuable, il fallait s'ingérer » de mille manières pour ne pas atteindre le ca-

» pital, et par conséquent la production dans sa » source[1]. »

Quel peuple a pu méconnaître ce principe fondamental?

M. Quinet, dans une lettre à M. de Girardin, s'exprime en ces termes : « Le système de l'impôt » sur le capital est devenu, dès 1427, le principe » fiscal de la République florentine. »

Ceci mérite explication.

J'ai remarqué (X à la fin) que dans la seconde moitié du XIVe siècle, on fit à Florence une espèce de cadastre pour fixer la valeur des biens-fonds, et éclairer les capitalistes sur le crédit des emprunteurs. J'ai indiqué aussi quelles difficultés annulèrent l'exécution et paralysèrent les avantages de ce cadastre.

A cette époque, 1378, éclata la révolution des *Ciompi*, révolution qui mit le pouvoir entre les mains des classes ouvrières[2]. Elles s'en prévalurent, et avec raison, pour taxer les riches qui, jusqu'alors, se prétendaient, sous divers prétextes, dispensés de tout impôt. Il y eut de la violence d'abord — et puis de la réaction.

Du reste, la révolution issue de l'émeute fut un progrès social. La passion de l'égalité, on le conçoit, gagna les petits métiers (*arti minori*) de Flo-

[1] Blanqui, *Hist. de l'Écon. polit.*, chap. II.

[2] On appelait *Ciompi*, nom dérivé du mot *compère*, introduit à Florence par Gaultier de Brienne, les quatre familles de la populace qui l'avaient élu.

rence[1]. Le problème de la juste répartition de l'impôt même se présenta naturellement aux esprits éclairés.

Cependant, à l'émeute avait succédé le calme. Un demi-siècle même s'était écoulé, lorsque Visconti, duc de Milan, déclara la guerre aux Florentins et obtint sur eux une victoire signalée. L'illustre chef de Florence, Jean de Médicis, reçut avec modération la nouvelle de la défaite et ne désespéra de rien. « Mais, dit un écrivain compétent, il ne s'occupa que des moyens de secourir la République, tout en ménageant les biens des pauvres. Il était indispensable, en cette occasion, de lever encore des impôts pour cette guerre, déjà si onéreuse aux citoyens. Par amour de la justice et dans l'intention de faire supporter plus également ces charges nouvelles, Jean eut l'idée de répartir les impositions sur tous les biens et même sur les meubles. Il proposa donc de faire une loi qui ordonnerait que tous ceux possédant un capital de cent florins d'or fussent tenus de payer à l'État un demi-florin. La loi fut faite, mise en vigueur le 22 mai 1427, et on lui donna le nom de *cadastre*. A compter de cette époque, les taxes ne furent plus arbitraires à Florence, et la répartition de l'impôt se fit également, d'après les facultés de chaque citoyen [2].

[1] Il y avait sept arts majeurs, c'est-à-dire métiers ou corporations, et quatorze arts mineurs. L'art de la laine était fort important et précédait l'art de la soie.

[2] DELÉCLUZE, *Florence et ses Vicissit.*, t. I, p. 126.

L'impôt sur le capital, en cette circonstance, fut un expédient; c'est de toute évidence. Il fallait de l'argent, soit pour la guerre, soit pour la paix. Le privilége du noble, l'exemption du riche n'osaient paraître. Le principe d'une juste répartition se montrait clairement; mais quel moyen d'en faire une saine application? Après notre révolution de 1848, l'impôt des 45 centimes fut un expédient aussi, expédient fiscal dont l'application régulière, grace au rôle des contributions, n'éprouvait aucune difficulté. Mais à Florence, en 1427, il n'y avait pas de rôle général, et rien ne pouvait y suppléer que l'ancien cadastre, quelque difficile ou vicieux qu'en eût été l'emploi antérieur. On revint donc à ce cadastre.

Maintenant, quels furent le caractère et la durée de la loi du 22 mai 1427? Cette loi devint-elle la règle unique et définitive du système financier de Florence?

Pas du tout. La nécessité fut le caractère de cette loi, et le sentiment de justice qui doit présider à la répartition des charges publiques est tout ce qu'elle eut de définitif.

Mais, comme base du système financier, cette loi n'eut pas plus de valeur que de succès. Son principal mérite, éclos de ses vices, fut de provoquer les esprits éclairés à rechercher le véritable principe de taxation.

Lodovico Ghetti, comme on le voit, par un travail fort curieux qu'il a fait à ce sujet, s'occupa sérieusement de la recherche de ce principe. Il veut que chacun contribue aux charges publiques proportionnellement à ses facultés. Pour obtenir ce résultat, est-ce le capital qu'il attaque? Non. Il ne demande que le dixième des fruits, produits et récoltes. On dirait une dîme à la Vauban. Il y comprend aussi le dixième de la rente sur l'État (*sopra la rendita del monte*), et le dixième du revenu de l'industrie des sept arts majeurs (*sopra alla industria delle sette maggiori arti* [1].)

Ce système fut-il réalisé, appliqué? sans nul doute. Aussi, après avoir remarqué que le système financier de Florence se composait primitivement de la gabelle, de l'emprunt, de la dîme du revenu, des demandes arbitraires [2] et du Mont commun [3], M. Delécluze s'exprime en ces termes : « La dîme tira son

[1] *Inventiva d'una impositione di nuova gravezza. Tratta da testo a penna del secol XV.* — Cette pièce se trouve dans *Roscoe's Life of Lorenzo dei Medici*, app. XVI.

[2] Demandes établies d'une manière conjecturale sur le gain que pouvaient faire les particuliers dans les spéculations commerciales. Ce mode vicieux ne fut mis en usage qu'en 1508, à l'époque et à l'occasion de la guerre et du blocus de Pise.

[3] Le Mont commun (rentes sur l'État) fut institué à Florence en 1343, pour payer en rentes, aux citoyens de Florence, le capital qu'ils avaient avancé pour l'achat de la ville de Lucques, que l'on ne conserva pas. Il rendait 5 pour 100. Les obligations avaient cours sur la place.

nom de la nature de l'impôt résultant du cadastre *essayé vainement*, d'abord en 1427, et perfectionné en 1484 par Come de Médicis, le père de la patrie. L'ordonnance portait que les propriétaires payassent, sur le *revenu net* des biens fonds, 10 p. 0/0, et le revenu était estimé en raison de l'évaluation du fonds et non de sa superficie[1]. »

Que disent Machiavel et Sismondi, cités par M. Quinet?

Le témoignage de Machiavel ne prouve qu'une chose, la joie du peuple, *des petits,* lorsqu'ils parvinrent, grace à l'insurrection de 1378, à ruiner la domination des grands, et à les soumettre au payement de l'impôt. Le sentiment de justice absolue qui domine au fond des masses, les portait même à donner un effet rétroactif à la loi fiscale, et, dès-lors, à réclamer des riches l'impôt même du passé, qu'en raison de certain abus ou privilége, ils n'étaient pas tenus de payer.

Quant au témoignage de Simonde de Sismondi, nous y trouvons un enseignement de plus. Il nous apprend, en effet, que l'impôt sur le capital, établi en 1427, fut renouvelé en 1458. Cet impôt n'était donc pas une règle constante. Il ne fut donc toujours qu'une des voies et moyens des cas urgents. Aussi, en 1458, de quoi s'agissait-il? Il s'agissait d'éteindre la dette publique, qui s'était fort accrue par la guerre précédente. L'impôt sur le capital

[1] *Florence et ses Vicissitudes,* t. I, p. 214.

n'était alors qu'une mesure extraordinaire, qu'un moyen exorbitant de liquidation sociale [1]. On ne connaissait pas encore la théorie des emprunts, l'art d'escompter le bien de l'avenir au profit du mal présent.

« Si l'on me demande quel a été le résultat politique du système d'impôt sur le capital, dit M. Quinet, je dirai qu'il eut pour première conséquence de mettre fin aux révolutions violentes et sanglantes qui avaient troublé les siècles précédents. »

Il y a là double erreur, historique et politique.

D'abord, l'impôt sur le capital n'a jamais été une règle, un usage constant, mais seulement un moyen, un fait exceptionnel.

Puis, attribuer à l'impôt sur le capital ou à tout autre impôt, la fin des révolutions, ce n'est qu'une puérile manie de système. Quand un peuple a conquis le principe-pratique de la liberté, la première conséquence qu'il en tire est l'abolition de tous les priviléges. La seconde est la réforme plus ou moins complète d'une vicieuse répartition de l'impôt.

La conquête et le développement des principes de la liberté, de la propriété, de l'égalité devant la loi, tels sont les causes et les résultats des révolutions; telle est la loi du progrès, qui substitue la

[1] L'économiste anglais Ricardo a proposé, comme praticable, la liquidation de la dette publique par une cotisation sur le capital.

raison à la violence, la justice à l'arbitraire et aux abus.

Maintenant, je le demande, l'égalité et la proportionnalité de l'impôt se vérifient-elles mieux dans l'impôt sur le capital que dans l'impôt sur le revenu? Voilà toute la question. Or, l'histoire de Florence ne la résout pas; du moins la solution intermittente qu'elle en offre n'est applicable qu'à une société malade, fiévreuse, anormale.

A quelle époque aussi Florence a-t-elle joui de plus de liberté, de calme et de prospérité? Est-ce lorsque l'impôt sur le capital était exceptionnellement son monnayeur révolutionnaire? Non. Le point culminant de la grandeur de Florence a paru sous la domination de Pierre-Léopold, dans la seconde moitié du dernier siècle.

La grandeur de Florence, sans doute, ne fut pas le fruit de l'autorité monarchique de ce Grand-Duc; au moins n'ai-je pas assez foi en la monarchie pour le croire. Mais elle devait être et fut, en effet, le résultat d'une administration intelligente et libérale; d'un système de lois aussi raisonnables que nationales; de la suppression de toutes les voies réglementaires où s'était fourvoyé l'étroit et turbulent esprit de parti; de la juste répartition, enfin, de l'impôt, non pas sur le capital, mais de l'impôt sur divers revenus que j'ai précédemment indiqués. Ne l'oublions pas non plus, Léopold, contrairement aux princes de nos jours, introduisit d'abord une salutaire réforme dans ses propres dépenses. Personne ne prouva mieux que lui ce que peut une bonne administration des finances pour la prospérité d'un pays.

XXII.

Je conclus.

L'opinion de M. de Girardin est irréprochable en la forme. L'art, le prestige, l'artifice même de son exposition accusent l'imagination vive et l'esprit délié qui caractérisent la supériorité du talent.

Quant au fond, l'impôt sur le capital, ce n'est pas une idée financière, ce n'est qu'une pruderie de la confiscation. Pruderie, d'ailleurs, trop ou trop peu minaudière, car les dépenses de la société politique ne s'équilibrent pas avec une quotité précise du capital des associés. Un budget exact serait donc impossible, si l'arbitraire n'était pas de droit le fermier-général de la confiscation.

M. Proudhon a défini l'impôt progressif une défense de produire, une confiscation [1]. L'impôt sur le capital a le même caractère, s'il n'est de même lignée.

Pour réparer la brèche que l'impôt fait au capital, la multiplication du revenu devrait redoubler d'énergie. Mais ce phénomène économique impliquerait une contradiction. Cause du revenu, le capital ne peut tirer de sa mutilation annuelle un accroissement d'effet, triplement énervé par l'impôt

[1] *Syst. des Contr. écon.*, t. I, p. 310.

qui le frapperait comme productif, qui l'absorberait comme improductif ou mobilier, qui l'épuiserait par l'action composée d'une altération continue, le capital s'userait avec le revenu; la cause cesserait avec l'effet; de telle sorte que, mourant dans la pauvreté, le capitaliste quelconque n'aurait à transcrire sur sa tombe, pour tout testament, que cette épitaphe du fabuliste :

Jean s'en alla comme il était venu,
Mangeant son fonds avec son revenu.

XXIII.

Voici une sorte de *post scriptum*. J'avais communiqué les vingt paragraphes qui précèdent à M. de Girardin; j'espérais que, loyal antagoniste, il leur donnerait quelque publicité dans son journal, ne fût-ce que pour se prévaloir de la faiblesse de ma réfutation. M. de Girardin, retranché dans son fort, n'a pas daigné faire de sortie; il se croit invincible dans un combat singulier, irréfutable dans une lutte sans contradicteur. Seulement, pour me déterminer à m'enrôler sous son drapeau, il m'a fait l'honneur de m'écrire une lettre en ces termes :

« Je viens de lire le travail très-remarquable que » vous m'avez envoyé. J'en causerai très-volontiers » avec vous un dimanche, si vous ne trouvez pas » la rue de Chaillot trop éloignée de la rue Guéné-

» gaud. — Vous préférez l'impôt sur le revenu *br*
» à l'impôt sur le revenu *net* ou capitalisé [1]. J'a
» rais désiré que vous entreprissiez un parallèle s
» les deux impôts comparés et *appliqués* ......
» crois qu'il vous aurait suffi d'entrer dans l'étu
» des moyens d'exécution pour vous ramener
» l'impôt sur le capital. »

J'ai eu l'honneur de voir M. de Girardin. No nous sommes associés pour la découverte d'u idée commune; mais, après avoir duré deux heure notre société s'est dissoute, et chacun de nous s'e est retiré avec sa mise de fonds.

Depuis, M. de Girardin a publié une nouvel édition de son ouvrage. Il y rapporte en partie lettre précitée de M. Quinet en faveur de son op nion. Sans doute, il est bien permis de fortifier u opinion quelconque de l'autorité de celui qui partage; mais lorsque déjà cette autorité a été ex minée, discutée, réfutée, est-il bien académiqu parlementaire, de ne tenir aucun compte d'un ex men, d'une discussion, d'une réfutation dont on parfaite connaissance? La lettre de M. de Girardi assurément, a payé un *très-remarquable* tribut c connaissance à mon travail. Un socialiste donne rait-il aussi de l'eau bénite de cour? son esprit r serait-il vraiment qu'un tissu de faiblesse et c

[1] Revenu *brut*, revenu *net* ou *capitalisé!* Qu'est-c à dire? Le revenu *net* est-il un capit l? alors l'impôt qu demande M. de Girardin frapperait tout, capital et reven

contradiction? de toute manière, le compliment de M. de Girardin est moins flatteur que piquant.

Bref, les personnes, ici, ont peu d'importance. Passons aux choses, qui sont beaucoup plus graves.

M. de Girardin a fait, dans sa nouvelle édition, le parallèle qu'il m'avait conseillé de faire. Il ne me reste qu'à examiner cette nouvelle production, qui doit être la démonstration complète de l'exactitude et de l'excellence de son opinion.

M. de Girardin débute par une épigraphe tirée d'Ad. Smith, dont l'autorité et l'épigraphe même sont la plus formelle condamnation de l'impôt sur le capital. Mais, je l'ai déjà dit, M. de Girardin fait un usage, je n'oserais dire inintelligent, mais luxueux jusqu'à l'abus de l'épigraphe.

« L'impôt sur le revenu est, dit M. de Girardin, » dans la proportion de 50 pour 100, un impôt sur » le salaire, c'est-à-dire sur le travailleur. »

L'impôt sur le revenu porte sur le salaire, c'est-à-dire sur le revenu du travailleur. Le travailleur ne doit-il payer aucun impôt? M. de Girardin veut-il nous clouer à sa théorie des deux avocats gagnant chacun 50,000 fr., mais dont l'un ne paie aucun impôt par la plaisante raison qu'il mange tout et ne fait aucune épargne? —Par travailleur, M. de Girardin entend-il le manouvrier, l'artisan, la milice des ateliers nationaux? Je ne sache pas que ces travailleurs-là aient beaucoup à se plaindre de l'impôt direct actuel; à Paris, la cote personnelle et mobilière n'atteint pas le loyer au-dessous de

200 fr., et, dans les départements, cette cote n'est guère plus onéreuse aux contribuables. Si l'on établissait l'impôt sur le revenu, on pourrait également en dispenser le contribuable dont le salaire n'excéderait pas ce qui est nécessaire à l'existence.

Ici, la prétention de M. de Girardin est encore et toujours, que l'impôt sur le capital a pour fondement la certitude. « Rien n'est plus facile à saisir » et à constater que le capital, dit-il ; preuve : les » droits que l'enregistrement prélève sur les biens » meubles et immeubles, aussitôt que s'ouvre une » succession. »

D'abord, la facilité de constater le capital après la mort, ne prouverait pas du tout la facilité de le constater pendant la vie. Je ne m'arrêterai pas à une pareille démonstration. Et puis, M. de Girardin voudrait-il aussi procéder comme l'enregistrement, qui perçoit ses droits sur le capital ostensible, et sans tenir compte des dettes et charges qui le grèvent? Là, cependant, pose un des griefs de M. de Girardin contre les droits d'enregistrement.

M. de Girardin se flatte surtout de l'excellente invention d'un impôt qui atteint les *meubles meublants*, ce qu'il nomme *un capital passif, oisif, immobile*.

Un mobilier, des tableaux, une bibliothèque, etc. ne sont point des capitaux oisifs ; ils procurent des jouissances intellectuelles et morales ; ils civilisent l'homme, l'appellent à la recherche de l'aisance, et le provoquent au travail, en le moralisant. « C'est cet amour du bien-être, passion des peuples très-ltivés, qu'il faut attribuer les beaux développe-ents que l'industrie a pris chez quelques peuples; est à l'absence de ce sentiment qu'il faut deman-r compte des retards qu'elle éprouve dans d'au-es pays [1]. » Que M. de Girardin ne saisisse pas la iestion à ce point de vue, cela peut être; mais i qui veut que l'argent circule, n'importe pour-ioi ni comment; lui qui exempte d'impôt les re-enus du viveur, parce qu'ils circulent d'une ma-ère quelconque, comment peut-il supprimer la oie de circulation la plus morale et la moins rui-euse?

M. de Girardin repousse comme vexatoire l'im-ôt sur le revenu, mais il ne s'arrête pas devant out ce qu'aurait de vexatoire la recherche et l'é-aluation des meubles, livres, tableaux, bijoux, etc. uel inventaire, à partir des salons du magnifique irgrave jusqu'au taudis où pendent la hotte et le ochet de l'humble artiste qui, à la lueur nocturne e sa lanterne, recueille les fragments industriels littéraires amoncelés au coin de la borne!

M. de Girardin, continuant son parallèle, dit : L'impôt sur le revenu agit comme le mors; l'im-pôt sur le capital agit comme l'éperon. »

L'éperon crève le cheval : doit-il crever le capi-l aussi? Le mors modère le cheval fougueux : uel mal y aurait-il qu'il modérât aussi la dépense

[1] DUNOYER, *Nouv. Trait. d'écon. soc.* ch. XIV.

du revenu et favorisât l'épargne? Est-ce là ce que M. de Girardin a voulu dire! Si ce n'est pas cela, ce n'est rien : *verba et voces.*

M. de Girardin s'est fort applaudi, je crois, en écrivant cette phrase : « L'impôt sur le revenu, c'est » *l'exercice;* l'impôt sur le capital, c'est l'inven- » taire. »

Mais, d'abord, l'exercice n'est-il pas un inventaire, et l'inventaire n'est-il pas un exercice? Puis, que vaut-il mieux de celui-ci ou de celui-là? Le plus praticable, assurément. Mais l'inventaire du capital est impossible. Je l'ai dit assez, et chacun le comprend de reste.

L'idée que M. de Girardin paraît surtout caresser, c'est que l'impôt sur le capital développe le travail, tandis que l'impôt sur le revenu, à l'en croire, le restreint.

Il n'y a là qu'une assertion gratuite ou socialiste. Si le capital est l'aliment du travail, c'est évidemment réduire celui-ci que diminuer celui-là par un impôt; et réduire le travail, c'est affaiblir la production, restreindre la consommation, appauvrir la société.

L'impôt sur le revenu, au contraire, laisse le capital libre. Le travail ne perd rien alors de son alimentation, et, par conséquent, de son activité. Bien plus, le contribuable, soucieux d'accroître son revenu, afin de faire face aux charges qui le grèvent, devient plus laborieux encore et plus économe.

Dernière observation. Ce n'est point un parallèle

entre les deux impôts appliqués, que le parallèle de M. de Girardin. Quels devraient être, en effet, les éléments de ce parallèle? Tous les faits, tout l'art, tout l'artifice même qui eussent démontré, soit que la constatation du capital est facile, tandis que celle du revenu est impossible; soit que la recherche et la découverte du revenu, sont beaucoup plus difficiles au moins que la recherche et la découverte du capital. M. de Girardin a procédé d'une autre manière. Aussi, loin d'être la mise en présence des difficultés à résoudre sur ce point, son parallèle n'est que la continuation d'un tissu de phrases sentencieuses, de contrastes obscurs, de mots creux plus ou moins sonores, mais dont la combinaison habile ne répand aucune lumière sur la question.

XXIV.

L'impôt, comme le disent Ricardo et Florez-Estrada, n'atteint pas nécessairement le capital par cela seul qu'il est assis sur le capital, ni ne porte que sur le revenu, par cela seul qu'il est assis sur le revenu.

Supposons un domaine d'une valeur de 100,000 fr. et produisant, à 3 pour 100, un revenu de 3,000 fr. L'impôt sur le capital, à raison de 1 pour 100, réduit ce revenu à 2,000 fr. Retranchons-en encore 500 fr. tant pour l'impôt du mobilier que pour l'entretien de tout capital productif ou improductif, reste net 1,500 fr.—Moitié du revenu.

Évidemment, l'impôt, tel que l'entend M. de Girardin, altère le capital, réduit excessivement la consommation privée, et mine sourdement la richesse publique.

Pourquoi, enfin, M. de Girardin soutient-il avec tant d'obstination l'impôt sur le capital? Parce que, selon lui, nulle proportionnalité n'est possible avec tout autre impôt.

« Les revenus, dit-il, sont essentiellement variables et insaisissables : tel fait une récolte de 6,000 fr. de vins cette année, qui, l'année prochaine, en est pour 3,000 fr. de la culture de ses vignes. »

Cela peut être, et rien ne prouve mieux le vice du système de M. de Girardin. Quoi! ce propriétaire, qui dépense 3,000 fr. de frais de culture et ne récolte rien, vous lui faites payer l'impôt sur le capital! — Le capital est invariable et saisissable! — Quelle raison de proportionnalité, quelle voie de péréquation! non, ce n'est pas là un système d'impôt équitable et social; ce n'est qu'une invention fiscale de l'esprit subversif du socialisme.

« Si je chante jamais un impôt de la sorte,
Je veux bien, mes amis, que le diable m'emporte. »

LIVRE III.

THÉORIE DE TAXATION.

> Il ne dépend pas des hommes d'asseoir l'impôt selon leur caprice; il a une base et une forme essentiellement établies par l'ordre naturel.
>
> QUESNAY.

> Tout impôt doit porter sur le revenu et non sur le capital.
>
> SISMONDI.

> Chacun doit contribuer aux charges de l'État en proportion de ses facultés.
>
> AD. SMITH.

Lorsque Solon, au dire de Plutarque, eut distribué le peuple d'Athènes en quatre classes, dont les trois premières comprenaient ceux qui possédaient du plus au moins, tandis que la dernière ne comprenait que ceux qui ne possédaient rien, voici, d'après Pollux (VIII. 10. 30.) le système de taxation qui fut adopté : la première classe fut imposée au double de la seconde, bien que celle-ci possédât plus de moitié que la première ; et de même la seconde fut imposée au double de la troisième, bien que celle-ci possédât plus de moitié que la seconde : la quatrième classe, qui ne possédait rien, ne fut point imposée ; et de plus, elle formait le jury suprême qui prononçait sur toutes les contestations. Ainsi l'arbitre de la propriété n'était pas propriétaire.

Solon, qui, disait-il, ne donnait pas à Athènes les meilleures lois possibles, mais les meilleures qu'elle pût supporter, pensait qu'une forme sociale qui associait une possession graduée au prolétariat, imposait un système financier qui participât du caractère de l'impôt de quotité et de l'impôt progressif. La quotité résultait de la somme distincte affectée à chaque classe pour être répartie proportionnellement entre les individus, et la progression n'avait pour raison arithmétique que la différence de la première à la seconde et de celle-ci à la troisième.

Ainsi l'impôt était d'autant plus élevé que le revenu dépassait davantage l'exigence des besoins personnels ; mais, limitée par la quotité, la progression ne dégénérait point en confiscation.

Avant de formuler un système financier, je commencerai donc par esquisser la forme sociale qui le comporte.

I.

La société a pour cause et pour but l'intérêt commun des associés; et cet intérêt c'est le développement des facultés morales et des produits matériels de chacun d'eux.

A l'intérieur, instruction et justice, liberté et propriété; à l'extérieur, protection du citoyen et défense de la patrie; de toutes parts l'honneur du pays et le respect des institutions : voilà l'objet et la raison du gouvernement politique.

Le gouvernement est la forme organique que la société adopte pour manifester sa volonté; la société, concentrée dans cette forme, constitue l'État.

Il n'y a qu'une souveraineté rationnelle et dès-lors légitime, c'est la souveraineté qui repose sur les intérêts, la volonté et la force de tous. La force est la sanction ou l'abus du droit : la sanction quand elle maintient la souveraineté du peuple, l'abus quand elle soutient un intérêt héréditaire, un privilége de caste ou de famille. Dans ce dernier cas, le peuple ne fût-il plus esclave, est encore servile; il n'est pas libre, il n'a pas atteint ce degré de lumière qui lui donne une complète intelligence de ses droits, ni cette majorité qui l'émancipe et le met à la tête de ses propres affaires.

Long-temps il a été de mode de vanter la merveille de la monarchie dite ***constitutionnelle***. Montesquieu, Voltaire et leurs échos avaient donné tant de retentissement à la constitution anglaise, qu'ils avaient fait école et parqué l'initiative française dans le cadre servile de l'imitation. Du reste, leur admiration, dit quelque part M. de Barante, venait moins de la valeur de la liberté anglaise, que d'une critique indirecte du gouvernement français.

Mais, enfin, l'école anglaise est tombée de vétusté en France. Toutes ces pondérations, tous ces équilibres de pouvoirs ne sont que des jongleries qui ne font plus illusions qu'à ces vieux bretons presque séparés du monde : ***Et penitus divisos toto per orbe britannos;*** à ces Chinois européens, obéissant à la triple impulsion d'une aristocratie omnipotente, d'une finance aristocratique et d'un sacerdoce opulent, qui tous dirigent de concert le mercantilisme, les préjugés nationaux, le religionisme et les vieilles habitudes de luttes serviles et d'obéissance passive d'une masse dépourvue d'initiative et vénérant ses maîtres comme des fétiches[1].

[1] Je parle des Anglais que j'ai vu en Angleterre. — « Dans ce pays, dit un Anglais, la contrainte positive qu'éprouve la liberté rationnelle (*mental liberty*) vient beaucoup moins du gouvernement et des lois, que du caractère intolérant de l'esprit national. On ne saurait attribuer à ce caractère une source même aussi respectable que la bigoterie ou le fanatisme; il vient plutôt de l'habitude générale, sous le double aspect de l'opinion

Le gouvernement mixte, disait Tacite il y a deux mille ans, est impossible, et se réalisât-il, qu'il ne serait pas de longue durée. Nul gouvernement n'est ferme et stable qu'à la condition d'unité de pouvoir et de direction. Le principe monarchique est prédominant en Angleterre. *Dieu est mon droit,* dit encore l'écusson royal sur la porte de l'ambassadeur anglais à Paris.

Est-ce à dire que l'Angleterre pourrit dans l'immobilité? non. « Albion s'en va comme le reste; les idées générales ont pénétré dans cette société particulière et la mènent...... L'Angleterre victorieuse, de même que Bonaparte vaincu, a perdu son empire à Waterloo.... Les lairds de la Grande Charte sont aujourd'hui des fashionables de Bond Street, race frivole qui campe dans les manoirs antiques, en attendant l'arrivée des deux grands barons modernes, l'Égalité et la Liberté, qui s'apprêtent à les en chasser [1] » Et puis un édifice so-

et de la conduite, de prendre la coutume pour règle de la vie, et de frapper de peines toutes personnes qui, sans parti pour les appuyer, osent affirmer, en l'exerçant, leur indépendance individuelle. » J. Stuart, *Mill's Principles of polit. écom.* v. 10.

[1] Chateaubriant, *Ess. sur la Littér. angl.*, t. II, p. 300-334. — « Le siècle de la féodalité est passé; l'esprit de la féodalité ne peut plus gouverner le pays. Il peut être fort encore du prestige du passé; il peut briller dans la splendeur dont les efforts de l'industrie l'ont environné; il peut se retrancher derrière les remparts

cial accablé de 22 milliards de dette et d'un budget de 1,710 millions doit s'effondrer un jour sur les piliers vermoulus de la féodalité.

La monarchie s'en va. Elle est tombée en France avec la tête d'un roi. Beau texte de martyrologie royale! — Rigoureuse démonstration aussi de l'égalité des hommes et de la souveraineté des peuples. Je n'en conclurai pas que le *droit divin* monarchique ou populaire soit toujours humain.

L'empire, la restauration, le constitutionalisme, tout cela n'a été que la stérile efflorescence d'un tronc pourri. Quel monarque, cependant, n'était alors à la taille de sa monarchie? Le seul défaut de ces rois, d'ailleurs inhérent à leur condition, était de s'allier à d'autres reines que l'opinion publique et la liberté.

Est-il encore de somnolents esprits qui rêvent la monarchie? Le coup de pied de M. Cousin à la République — qui n'en mourra pas — est une bonne réclame sans doute [1]; il lui donne droit d'abord à

de ses institutions; il peut s'entourer d'une multitude servile; mais l'esprit féodal n'en doit pas moins succomber devant le génie de l'humanité. » (*Disc. de* Fox, du 15 février 1844, dans *Cobden et la Ligue*, par Bastiat.)

[1] Voy. la *Revue des Deux-Mondes,* avril 1851. — Dans l'introduction à l'*Hist. de la philos. éclectique,* dont M. Pierre Leroux a fait si bonne justice, M. Cousin célèbre la charte de 1814. Depuis qu'il est devenu homme d'État, les traditions de la *bonne philosophie* sont passées à M. Saisset, auquel M. Giraud, ministre de M. Bo-

sa réintégration au siége de pair, puis au titre de duc. Mais duc et pair, M. Cousin en soutiendrait-il mieux le trône? Qu'il sorte de la Sorbonne et plonge ses regards dans un horizon plus étendu que sa philosophie quaterno-circulaire... il y verra que l'esprit français ne recule pas, et il en convient; que de plus, cet esprit, loin de s'éteindre sous les cendres cartésiennes d'un rhéteur, bouillonne et couvre de laves volcaniques un éclectisme insensé. Comment conjurer une éruption aussi menaçante qu'inévitable? Essayera-t-on encore du caoutchou de la royauté — de la curée et du cumul des emplois, du retour au tourniquet du vote censitaire, de la corruption coulant à pleins bords et faisant miroiter aux yeux du servilisme et de la vanité monarchiques des flots de pairies, de croix, de rubans, de joujoux, d'un peuple enfant? Parlez, grand politique, qui nous montriez, en 1828, le dernier mot de la philosophie de l'histoire dans la charte octroyée de 1814. Non, taisez-vous plutôt. Votre idéal n'est qu'un matérialisme en pourriture. Reprenez Vico et complétez votre étude des actes de la liberté humaine et du sens commun de l'humanité. « On ne guide pas, sachez-le bien, ce qui nous

naparte, a donné l'honorable décoration de bon philosophe. C'est de la bonne restauration. Ce qui vaut mieux encore, c'est l'ingénieux et élégant feuilleton de M. Eugène Pelletan, dans la *Presse* du 6 avril 1851. On ne peut fustiger plus doctement les persécuteurs et les sots.

guide tous, on n'éclaire pas ce qui éclaire le présent et l'avenir, et nous gagnerions médiocrement à ce que la lumière coûteuse et blafarde de la Sorbonne fût substituée à l'ardent rayonnement de ce soleil qui est l'esprit du progrès et de la civilisation. »

II.

« La France a toujours été un pays de grande activité intellectuelle : activité point rêveuse, point chimérique, rarement adonnée à la seule contemplation, presque toujours préoccupée de l'application des idées comme des idées mêmes, mais toujours élevée aussi bien qu'efficace, philosophique aussi bien que pratique [1]. »

Aussi, profondément ennemi de tout privilége, l'esprit français est éminemment républicain. C'est un irrémissible outrage à sa raison, que l'insolente prétention d'un homme, d'une famille, de trôner sur lui par droit de naissance et d'hérédité. L'esprit français, quelque mobile qu'on le dise, ne peut vivre que d'une vie d'examen et de critique. S'il n'avait plus rien à faire, c'est que la société serait en dissolution. Ses habitudes monarchiques ne sont que quelques plis informes d'un passé qui s'efface rapidement sous le doigt de l'avenir. Qualifier de surprise, d'aventure, de catastrophe, la révolu-

[1] GUIZOT, *Disc. à la Société des Antiq. de Norm.*, 29 août 1838.

tion de février! vue d'un esprit frivole que l'imprévu distrait de ses jouissances ou fait sortir de son ornière : intelligence caractéristique du chauvinisme impérial, du royalisme doctrinaire ou de l'outrecuidance sorbonique.

Les peuples, malheureusement, ne sont poussés que par la gravité des faits à la tête de leurs affaires. « L'histoire du monde est pleine d'exemples de gouvernements qui ont étendu leur autorité au grand détriment de la nation qui la leur avait conférée pour en user à son profit; mais je ne sache pas qu'un peuple ait jamais abusé de sa puissance pour détruire celui ou ceux qui travaillent efficacement à son bonheur [1]. »

Bonaparte, dont la renommée, descendue jusqu'aux dernières couches de la société, a pu s'incruster dans l'étroit cerveau de l'ignorant, qu'a-t-il fait pour la France? Il n'a fait servir le fanatisme militaire, dit Dupont de Nemours, qu'à ce qu'il a cru être son élévation, comme les prêtres ont fait servir le fanatisme religieux à la leur; mais tout fanatisme est un méchant instrument, et une grandeur personnelle et vaine un méchant but. Sans doute, si Bonaparte n'eût point existé, nous n'aurions pas une épopée napoléonienne, un récit commencé glorieusement aux Alpes républicaines pour finir piteusement sur le roc monarchique de Sainte-Hélène. Mais nous n'aurions pas eu non plus l'en-

[1] TOROMBERT, *Princip. de Droit polit.*, p. 330.

vahissement, le démembrement de notre pays, le pillage de son trésor et de ses musées, le retour d'une dynastie pourrie avec son cortége d'émigrés, de jésuites, d'affamés, de proscripteurs et de proscrits, de cours prévôtales et d'assassinats plus ou moins juridiques.

On lit dans la *Revue des Deux-Mondes* (décembre 1850) : « Personne n'a fait davantage pour l'égalité civile; personne n'a plus fait contre la liberté; nécessité ou non cela ne lui a pas porté bonheur. » Bonaparte n'a pas plus fait pour l'égalité que pour la liberté; l'une, d'ailleurs, ne va pas sans l'autre; appeler égalité civile la reconstruction de la féodalité et le rétablissement des titres nobiliaires, c'est de l'absence ou de l'ironie.

Soldat de la liberté, un homme de génie devait conquérir plus que la flétrissure d'une couronne; il devait ceindre son front glorieux de la palme immortelle du libérateur des peuples. Il ne devait pas méconnaître, lui, que la révolution de 89 avait enfanté l'idée républicaine, idée régénératrice, puissance victorieuse du canon des rois, étoile polaire de la France, guide de la civilisation du monde. Voilà pourquoi, sous l'empire même, grace à l'audacieux courage du brave Mallet, cette idée faillit réaliser l'espérance que le despotisme impérial refoulait au fond des plus nobles cœurs. Enfin, les rayons de la République sillonnèrent un instant la révolution de 1830. Malheureusement la raison ou le courage de quelques hommes populaires chancela devant cette expression d'un homme d'État : « La République ne peut venir qu'en passant par le Palais-Royal. »

Elle y a passé enfin. Le 24 février elle parut, et le 26 les vétérans de la monarchie eux-mêmes l'acclamèrent processionnellement sur la place de la Bastille. M. Dupin même, lui qui tient si bien la sonnette réactionnaire, lui dont les souliers ferrés étaient usés, s'y rendit en escarpins de cour.

La République répondait aux sentiments du pays et aux besoins de notre époque. La liberté s'élevait sur la chute du trône et de l'échafaud politique. Nulle part le flot révolutionnaire ne bravait le *quos ego* d'une raison supérieure.

Cependant, m'objectera-t-on, le mouvement républicain a trouvé une résistance monarchique et des oppositions de partis.

Les vieux partis ne se soumettent au mouvement politique qu'avec des restrictions mentales. Il ne leur fallait qu'un prétexte pour relever leur pavillon, et le socialisme réel ou fictif le leur a fourni. Qu'arrive-t-il, en effet? que des propositions plus remarquables par la démence socialiste que par la science sociale, inquiètent et agitent le pays: alors la majorité parlementaire les couvre de ridicule et du poids de son vote. Délivré de sa peur, le parti monarchique conçoit de l'espérance. Il respire, passe ses forces en revue et prépare sa campagne contre la République et la Constitution. Il manœuvre comme il a toujours manœuvré, par les conciliabules et l'intrigue. Le socialisme est-il seul responsable de tous les mouvements séditieux? Quoi! le monarchisme, si fervent, si dogmatique, se serait abstenu même de souffler, d'attiser le feu de la guerre civile, que son plus élégant organe, *la Mode,* appelle la guerre sacrée? Le légitimiste n'aurait-il pas espéré que son idole serait sortie nette, pure, rutilante du cahos politique et de la conflagration sociale?

Quoi qu'il en soit, la réaction monarchique avait pris l'initiative et s'élaborait visiblement. L'élection présidentielle devint son point de mire. Certes, la phalange bonapartiste n'a pas plus d'avenir que les voltigeurs de la restauration. Est-ce le génie et la gloire qui pouvaient élever M. Bonaparte à la première magistrature de la République? Le souvenir de la classe ignorante, illusionné par le prestige d'un nom fatal, n'offrait pas même un appoint suffisant à son parti. Qui donc a présidé à l'élévation de ce premier président? Le monarchisme; ses journaux ne le laissent ignorer à personne. Le parti monarchique ne pouvait se tromper sur les principes de son candidat : un prince prétendant est à l'abri de tout soupçon républicain. Le parti n'a eu qu'à se féliciter de sa prévoyance. L'empereur, pour prouver qu'il ne travaillait pas pour les Bourbons, fit fusiller l'un d'eux : le Président, pour prouver qu'il ne travaillerait pas pour les Républiques, a fait fusiller l'une d'elles. Tout allait au mieux. Le monarchisme caressait M. Bonaparte ; M. Bonaparte caressait le monarchisme. Bientôt la presse, si redoutable au despotisme, fut attaquée. Nul journal républicain ne put s'étaler sur la place publique; c'était le privilége des journaux monarchiques et présidentiels plus ou moins subventionnés. La réaction se posait carrément. Elle préparait ses lois dans le cabinet de la présidence, et la présidence lui prêtait le fervent appui de ses ministres. L'entente cordiale était du guizotisme le plus pur. Aussi les aménités élyséennes étaient payées en beaux millions parlementaires. On allait... mais où? mais à quoi? à la monarchie. Mais laquelle?

C'est peut-être l'affaire du plus habile escamoteur sur trois. Évidemment le gobelet de tous est le même, une coque d'escargot sympathique. Seulement chacun d'eux le magnétise avec un vin d'un cru différent: du Rhin, d'Orléans, de Champagne. Le tour se fait... le tour est fait. Mais pas plus de monarchie que d'empire. Le peuple en rit. Les Burgraves s'en étonnent. Le *prince* déclare qu'un honnête homme est fidèle à son serment. Un Claremontois répond qu'un voyage sentimental n'est pas un pélérinage politique; à quoi le pélerin de Wiesbaden réplique qu'un roi de France et de Navarre ne daigne pas couper les oreilles de ses sujets, tant qu'ils ne veulent pas l'écouter.

Après les contraires on a songé à la fusion. Les alchimistes se sont mis à l'œuvre, promettant un onguent onctueux et suave dont on frotterait le peuple pour le guérir de la démangeaison républicaine... si toutefois le peuple consent à se laisser frotter. Mais on doute. Aussi a-t-on vu la fusion aboutir à la confusion. A bout de ressources, les fusionistes sont revenus à la République pour conspirer à leur aise.

Mais supposons que les fusionistes aient fondu, coulé, relevé une nouvelle monarchie avec les drogues combinées, éventées et pourries de l'ancienne royauté, comment l'eussent-ils pu tenir debout? Ont-ils, pour cela, des talents plus vigoureux, des ambitions plus courageuses, des satisfaits plus nombreux que ceux qui, depuis un demi-siècle, travaillent et meurent à l'œuvre? Emprunteraient-ils à l'école de Joseph Demaistre la hache du bourreau pour refaire le trône et consolider la royauté? Ou bien demanderaient-ils à celle de Radetzki l'oppression de toutes les libertés et la mort de tous les hommes libres? Les Trestaillons, les Graffan, les Truphémi, déchaîneraient-ils encore les meutes sanguinaires de la légitimité? Il n'y a d'autre alternative monarchique que la république échevelée du *spectre rouge*, de cette conception d'une ame damnée de l'Élysée qui ne voit pas, dans un tel spectre, le spectre de Banquo s'élevant en face de Macbeth pour lui reprocher les crimes de son ambition et lui prédire son extermination prochaine.

III.

Je ne proscrirai pas la monarchie sans dire pourquoi.

Milton, grand poète, grand prosateur, politique de l'école du génie et de la liberté, a parfaitement jugé la monarchie.

Les Israélites, dit le barde sublime, demandèrent, à l'exemple des idolâtres, un roi, une royauté. Dieu leur accorda ce qu'ils voulaient, mais avec cette expression de sa colère : « Vous vous plaindrez amèrement quelque jour d'avoir pris un roi, mais ce jour-là Dieu ne vous écoutera pas [1]. »

La liberté, continue Milton, c'est l'égalité de droit civil et politique. La République seule garantit cette égalité; la monarchie l'étouffe ou la corrompt nécessairement. Où l'a conduirait le loyal exercice même du vote censitaire? C'est par instinct, par sentiment, que la monarchie livre l'administration à ses séïdes et la justice à ses courtisans. La République, au contraire, ne recherche pas moins les

[1] Voy. 1 Rois, 8. 18, que Sacy traduit ainsi : « Vous crierez alors contre votre roi que vous vous serez élu, et le Seigneur ne vous exaucera point, parce que c'est vous-même qui avez demandé d'avoir un roi. » — L'écrit de Milton que je cite est intitulé : *The ready and easy way to establish a free commonwealth, compared with dangers of readmitting Kingship.*

talents que le patriotisme. Voilà pourquoi elle s'efforce de répandre l'instruction et les lumières dont les rayons fécondent le bien-être physique et moral de l'homme, l'indépendance et la prospérité du peuple. Les monarques sont-ils soucieux d'obtenir le même résultat? Oui, ils aiment peut-être aussi que le peuple soit riche et bien *emplumé*[1], mais c'est pour le plumer et défrayer leur somptueuse existence; car, au point de vue de leur stabilité et de leur domination, le peuple doit toujours être bas, ignorant, servile; et comme il n'est monarchiquement gouvernable qu'à cette condition, il doit être, non-seulement en plumage, mais encore en esprit, le peuple le plus dindon.

Milton ne dit rien des cours dont Montesquieu a fait une si sombre, mais si pittoresque peinture. Point de monarchie sans camarilla; l'une suit l'autre comme l'ombre suit le corps. Aussi, la présidence actuelle, ombre monarchique, n'a-t-elle pas, — qu'on me passe l'expression parlementaire — un détestable entourage? Rousseau l'a dit avec toute la profondeur de sa raison : Pour voir ce que c'est que ce gouvernement en lui-même, il faut le considérer sous des princes bornés ou méchants;

[1] Milton dit *Well Fleeced,* bien laineux, à belle toison de mouton. Mais ce mot anglais ne pouvant se traduire littéralement, j'ai substitué plume à laine, plumage à toison, dindon à mouton. On plume l'un comme on tond l'autre.

car ils arriveront tels au trône, ou le trône les rendra tels.

Quelle rénovation s'est opérée dans l'esprit monarchique depuis Milton et Jean-Jacques?

La nature des choses ne peut changer. Aussi le roi de Prusse, pour conserver ses droits, abdique ses promesses. Je ne veux pas disserter sur un point trop connu : un fait de monarchie comparée répond à tout. Les Bourbons, à Paris, ont poursuivi, emprisonné notre poète national Béranger : le Brandebourgeois, à Berlin, a frappé d'exil l'ingénieux et patriote Freiligrath, lui qui, dans sa brillante profession de foi, avait si doucement caressé de son souffle poétique le bouton de la liberté allemande, et si bien chanté les fleurs qui pressent les fleurs sur l'arbre de l'humanité, dont chaque fleur est un peuple!

Profitez de cet exemple pour apprendre, une fois pour toutes, que, quelques précautions qu'on puisse entasser, hérédité dans le trône et liberté dans la nation seront à jamais des choses incompatibles [1]. Restreindre, opprimer, c'est la nature du monarque, du roi; comme assaillir, dévorer, c'est la nature du tigre et du chacal.

IV.

Cependant, disent les traînards et les courtisans, monarchie n'est-ce pas luxe, commerce, stabilité?

[1] J.-J. Rousseau, *Considér. sur le gouv. de Pologne*, ch. VIII.

Que la monarchie soit follement dépensière, qui le conteste? Combien de guerres insensées, criminelles et liberticides, depuis l'invasion de l'Espagne seulement, jusqu'à celle de Rome, ont été le fruit du calcul et de l'orgueil monarchiques!

Le commerce! il va malgré la monarchie, quand la monarchie ne l'arrête pas. Milton en fait la remarque. Les Républiques italiennes, les villes libres d'Allemagne, les Provinces-Unies ou ancienne Hollande, ont été commerçantes et prospères sous le gouvernement républicain; mais, vaincues par les rois et courbées sous le joug monarchique, elles ont tout perdu, liberté et génie, commerce et nationalité. L'Angleterre n'est qu'une exception géographique et féodale. Si le gouvernement n'ouvrait pas *per fas et nefas* tous les canaux du commerce et de l'industrie, le peuple culbuterait le trône et démolirait les priviléges occupés à creuser un lit au torrent qui les enveloppe et finira par les submerger.

La liberté est la vie du commerce, et le commerce est la vie de la monarchie anglaise. Si donc cette monarchie est la moins nuisible à la liberté et la plus favorable au commerce, elle en a ses raisons. Mais voyez la monarchique Espagne, fut-elle commerçante et libre sous les Charles-Quint, les Philippe, les Ferdinand? L'est-elle aujourd'hui? Là, comme ailleurs, le commerce ne s'élève qu'à fur et mesure que la monarchie décline, que la liberté grandit, que la prêtraille recule et que la civilisation s'avance. Faites disparaître les monarchies, et le commerce, fraichissant sur les flots qui baignaient les antiques Républiques de Tyr, Carthage et Sidon, reliera les deux mondes et fécondera, par ses liaisons avec les Républiques américaines, le germe de la fusion des peuples, du commerce et de la liberté de l'univers.

Serait-ce les listes civiles et les dotations qui font aller le commerce? Cela peut être un préjugé de l'ignorance. S'il ne s'agit que de consommer le fruit du travail, quel travailleur ne le consommerait pas aussi bien qu'un roi? Si les riches, dit Montesquieu, ne consomment pas beaucoup, les pauvres meurent de faim. Mais si les classes laborieuses mouraient de faim, répond Florez-Estrada, quel serait le sort des riches? Et s'il n'y avait ni liste civile, ni dotation, les contribuables ne sauraient-ils que faire de leur argent? Est-ce que la République des abeilles ne pourrait exister, s'il n'y avait pas de frêlons pour manger leur miel?

Il n'y a pas de commerçant éclairé qui ne sache que l'impulsion est donnée au commerce par le travail et la consommation reproductive, c'est-à-dire celle de la masse des consommateurs qui, n'ayant pas de fortune et peu de crédit, vivent du fruit de leur travail, de leur industrie et de leur profession. Aussi le commerce a-t-il autant d'intérêt au développement du bien-être de cette masse, dont la consommation est reproductive, que de raison d'écarter les princes et les rois qui, brûlant les revenus de quatre départements en stériles consommations de séïdes gaudibonds, de scribes impudents, d'éclabousseurs de palais et de valets d'écurie, privent des milliers de travailleurs du salaire que leur eût procuré l'emploi productif des sommes perdues en jouissances princières.

La stabilité monarchique! dites-vous. Mais la monarchie a détalé comme toute vieillerie qui n'est plus en rapport avec le sentiment, les lumières et les besoins de la société. La monarchie, détruite par le fait, condamnée par le droit, n'a pas plus de stabilité que toute chose humaine. Elle a duré longtemps sans doute, trop long-temps peut-être; mais grace à quoi? d'une part, à l'ignorance, à la superstition et à la misère qu'elle entretient, et, d'une autre, à la conspiration des priviléges et des richesses, des nobles et des prêtres. Toute cette machine oppressive, petit à petit minée par les progrès de l'esprit humain, s'est écroulée avec fracas pour ne plus se relever. Se relevât-elle, que son génie n'apparaîtrait plus que sous la forme d'un cadavre inerte ou d'un fantôme effrayant. Prît-il même un corps valide, que le rétablissement et la défense des intérêts dynastiques, absorbant tous ses efforts, le rendraient impuissant à faire le bien général, et, dès-lors, à lutter contre ses nombreux adversaires. Les intérêts publics, par cette raison, lui deviendraient d'autant plus odieux qu'ils lui seraient plus hostiles; la liberté lui paraîtrait un péril et l'oppression un danger ; de là, évidemment, l'état de siége de la France entière; mais, réduite à faire une sortie et livrer bataille à son ennemi, une nation éclairée, brave et républicaine l'aurait bientôt battu, foudroyé.

Guerre civile et révolution nouvelle, voilà le banquet auquel la stabilité monarchique nous convie. Quel honnête homme, quel bon citoyen voudrait y participer?

Ce que la France intelligente et laborieuse veut, c'est la stabilité de la République. La liberté pour tout le monde, et non le féchitisme monarchique pour quelques-uns.

Quoi de plus stable pour un peuple, pour un siècle enthousiaste de l'égalité civile et politique, que le gouvernement où chacun émet son vote personnel, exerce son droit de citoyen! La forme du pouvoir est temporaire et progressive, mais le fond en est impérissable comme le peuple, immortel comme l'humanité. Il n'y a là ni imbécilité royale, ni camarilla, ni minorité dont les intrigues et l'enfantillage puissent troubler l'ordre et déshonorer la nation. L'autorité du premier magistrat de la République, n'étant que temporaire, n'est odieuse à personne; si celui-ci ne fait pas bien, on attend mieux de celui-là ; une révolution devient inutile pour renverser le despotisme, il suffit du retour de l'urne électorale pour expulser le despote ou l'incapable. De là cette vie sociale à l'image de la vie privée ; cette vie tout entière que nourrissent l'intérêt de tous, l'espérance et l'agitation de chacun. Pourquoi les monarchiens, assez intrigants de leur nature, vantent-ils si fort la somnolence et le repos monarchiques? C'est qu'ils n'aiment pas, comme tous les sectaires, qu'on examine le culte servile de leur fétichique immobilité.

La République seule ne laisse à craindre ni le despotisme ni la corruption que l'immobilité engendre. Le premier magistrat, ne possédant point un pouvoir dont il puisse abuser à son profit, n'exerce son autorité que dans l'intérêt commun; le seul intérêt personnel qui l'anime est la récompense qu'il espère recueillir de l'accomplissement de ses devoirs; recompense, pourtant, qui n'est pas plus de l'or que de vaniteux insignes; mais le respect et l'estime de ses concitoyens, mais l'honorable ambition de vivre l'égal des premiers chez un peuple d'égaux; mais, enfin, le glorieux témoignage que l'histoire peut réserver aux bienfaits d'une administration habile, sage et populaire.

Un monarque ne tient pas à si peu. Avant tout l'obéissance à son pouvoir, la croyance à sa légitimité, la consolidation de sa fortune dynastique! La monarchie peut philosopher après cela avec M. Cousin, se parer, pour lui plaire, de ses traditions royales, de sa suite d'idées monarchiques, de l'unité, de la persévérance de ses projets politiques et de la béatitude qui en revient à ses *sujets:* M. Cousin, l'oreille alerte et tendue, saisit la philosophie de tout cela : il comprend comme quoi les traditions d'une famille royale sont supérieures à celles d'un peuple libre! comme quoi il y a plus de suite d'idées dans la tête vide ou ébouriffée d'un roi, que dans la raison providentielle d'une nation! Comme quoi l'unité et la persévérance des projets d'une dynastie sont plus intelligentes et plus nationales que les lumières et le patriotisme d'une assemblée où se trouvent toujours tant d'hommes d'élite autrement soucieux de la liberté et du bien-être de leur pays, qu'une poignée de princes et de courtisans dont le bonheur est d'étouffer l'une et d'exploiter l'autre! Il n'y a pas d'absurdité qui ne s'étaye de l'opinion d'un philosophe, a dit quelque part Cicéron.

V.

La monarchie, selon les Écritures saintes, est le fruit de l'idolâtrie, une désobéissance à la volonté de Dieu, une malédiction de sa providence. Voilà le principe du *droit divin.* C'est par cette raison aussi que la Grèce invoquait les Furies sous le titre sacré d'Euménides, *les douces!* Il n'y a pas d'idole qui n'ait eu son sanctuaire, son culte et ses prêtres : aussi les embrassements du sacerdoce et de la royauté, dit une vieille chronique que cite quelque part Augustin Thierry, remontent aux temps les plus reculés. Mais si l'ignorance et la superstition des peuples les asservirent jadis à de maîtres imposteurs, le progrès des lumières et de la raison les émancipe. De là cette lutte de l'intérêt dynastique et du droit national, lutte qui ne peut finir que par l'esclavage du peuple ou la chute du trône, par le triomphe d'un éphémère despotisme monarchique ou de l'éternel principe républicain. « Espérer liberté et monarchie, c'est espérer deux choses dont l'une exclut l'autre. Bien des monarques et même des citoyens peuvent l'avoir ignoré. Mais cela n'est pas moins vrai; et c'est actuellement une chose bien connue surtout des souverains[1]. » La monarchie peut varier de forme, elle ne changera jamais de fond. Restriction des libertés, excès des dépenses, dilapidations de tout genre, armées nombreuses, sbires de tout aloi, corruption, subventions, décorations, expédients et jongleries de toute nature pour dresser, maintenir, étayer un ordre de chose que la nature de l'homme, l'opinion publique, les besoins du peuple, le progrès des lumières condamnent, minent, démolissent pièce à pièce : tels sont le fond absolu et le but final de la monarchie. Nul système financier équitable, raisonnable, n'est possible avec elle. Pour obtenir le concours du riche, elle ménage sa fortune et corrompt sa personne; pour maintenir le peuple dans l'abaissement et l'ignorance, elle l'appauvrit par des impôts indirects, lui administre l'opium du religionisme, et le menace, s'il regimbe sous l'étrille, de le dompter avec de la mitraille que César-Séjan,

[1] DESTUTT DE TRACY, *Comment. sur Montesq.* XI. 2.

sous l'œil du sceptre rouge, dispose exemplairement autour de ses canons.

VI.

La République est la seule forme sociale que la raison avoue, que la liberté réclame et qu'un bon système financier admette.

La souveraineté du peuple est son principe, le vote universel son fondement, l'unité de pouvoir sa condition.

Les trois pouvoirs de l'école de Montesquieu ne sont qu'une dangereuse équivoque. Il n'y a qu'un pouvoir, et il ne peut y en avoir qu'un seul. Le pouvoir, en effet, prend sa source dans l'intelligence et son cours dans la volonté; et comme, dans le corps humain, il n'a pour siége que la tête, la pensée, il n'a pour siége non plus dans le corps social fait à son image, que l'organisme supérieur, l'assemblée où s'élabore et se manifeste la volonté collective, la loi.

L'unité de pouvoir est une condition même de la monarchie. Le pouvoir royal ne saurait être contesté, discuté, partagé; c'est beaucoup qu'il puisse être conseillé. Indivisible de sa nature, le pouvoir périt par le partage.

L'unité monarchique est dans un individualisme dont le mobile est un intérêt dynastique : seule, l'unité républicaine, collective de sa nature, a pour mobile l'intérêt général.

Le pouvoir monarchique, faux parce qu'il est personnel, est nécessairement discutable et logiquement destructible : aussi, pour éviter toute discussion logique, il se proclame fièrement inviolable, et s'institue légalement envahisseur et despote. Le pouvoir républicain, au contraire, vrai et indiscutable, parce qu'il est dans le peuple, dans tous, et dans chacun, tend, par sa propre nature, à l'égalité de droit, au développement de la liberté, au progrès des lumières et du bien-être de tous et de chacun.

Rousseau, analysant les éléments de l'ordre social avec plus de profondeur que Montesquieu, échappe à la trilogie de celui-ci ; mais il s'engage dans un dualisme obscur. « Toute action libre, dit-il, a deux causes qui concourent à la produire; l'une, morale, savoir, la volonté qui détermine l'acte; l'autre, physique, savoir, la puissance qui l'exécute. » Voilà donc une puissance législative et une puissance exécutive. Rousseau donne un *moi* à celle-ci aussi bien qu'à celle-là. Mais il place le *moi* de l'exécutive dans celui de la législative; de sorte que, pour me servir de son expression, il met un corps artificiel dans un corps artificiel. C'est un artifice monstrueux, un injusticiable abus de psychologie, pour justifier la dépendance de sa puissance exécutive.

Un peu moins de métaphysique, et un peu plus de sens commun.

Comment Rousseau a-t-il pu dire que la cause

physique est parallèle à la cause morale et son égale? Comment a-t-il pu croire que l'induction de la première dans la seconde harmoniserait le jeu différentiel de leur dualité?

D'un autre côté, dans l'organisme social, comme dans l'organisme humain, y a-t-il des causes physiques? Quand je veux aller quelque part, ma volonté seule est cause; mes jambes ne font qu'obéir; elles n'ont pas de *moi* qui leur permette d'aviser; la goutte qui les retiendrait n'est pas une *cause* de leur refus, ce n'est qu'une négation de leur mouvement. Respectons, en politique surtout, le sens propre des mots.

La puissance exécutive du corps social est-elle d'une autre nature que la puissance exécutive du corps humain? Écoutons Rousseau, lui-même.

« Comme la nature, dit-il, donne à chaque homme un pouvoir absolu sur tous ses membres, le pacte social donne au corps politique un pouvoir absolu sur tous les siens; et c'est ce même pouvoir qui, dirigé par la volonté générale, porte le nom de *souveraineté.* »

Or, qu'est-ce que le corps politique? la tête et le cœur : la puissance législative. Qu'est-ce que ses membres? les moyens d'actions et de locomotion : la fonction exécutive.

Voilà pourquoi celle-ci dépend de celle-là comme le veut Rousseau. Elle ne saurait en dépendre si, comme il le dit, il y avait égalité et parallélisme entre elles; le moi de l'une, à l'en croire, logeat-il dans le moi de l'autre comme dans son étui. Comment! la puissance exécutive serait soumise à l'absolutisme de la puissance législative! c'était bien la peine d'en faire une *cause*, de la doter d'un *moi*, pour en faire l'esclave d'une autre cause, d'un autre moi.

Tout cela est faux, irrationnel, inintelligible. Il n'y a, dans le corps politique, comme dans le corps humain, qu'un pouvoir, qu'une puissance; c'est la cause morale, intelligente, d'où partent la volonté et la loi.

Supprimons donc les mots puissance exécutive, pouvoir exécutif, et leur substituons la chose et le mot propres, savoir : *Fonction exécutive*. Ainsi disparaitront du dictionnaire politique et de l'histoire, des mots et des abus qui naissent les uns des autres et se justifient réciproquement.

Quelle est la nature de la fonction exécutive? Rousseau l'a très-clairement expliquée. « Il faut, dit-il, à la force publique, un agent propre qui la réunisse et la mette en œuvre selon la direction de la volonté générale, qui serve à la communication de l'État et du souverain, qui fasse en quelque sorte dans la personne publique, ce que fait dans l'homme l'union de l'ame et du corps. »

Est-ce à dire que la fonction exécutive n'a pas de pouvoir, parce qu'elle n'est pas un pouvoir? Mais le garde champêtre n'est pas un pouvoir, et cependant il a le pouvoir de rédiger un procès-verbal.

Si la volonté du pouvoir, si la loi qui en émane, est une idée simple, l'application de cette volonté, de cette loi à tous les cas possibles est, au contraire, une idée multiple. Aussi, de même que l'homme n'a qu'une volonté, mais plusieurs membres pour agir au gré de son impulsion, le corps politique n'a qu'une volonté non plus, mais plusieurs agents destinés à lui procurer la plus juste exécution. Tous ces agents, bien qu'ils ne soient pas des pouvoirs, ont cependant le pouvoir d'agir, chacun dans la mesure de la fonction dont il est l'organe.

Quelle est la mesure du pouvoir de la fonction exécutive à son point de vue le plus élevé[1] ? Je réponds à cette question avec un arrêt du parlement de Paris ; la raison, comme l'algèbre, est toujours claire.

« Considérant que c'est la loi qui commande, y est-il dit, et le souverain par la loi ; que, dans ce cas, comme l'autorité doit être conforme à la loi, la force exécutive ne doit pas non plus s'en écarter ; que, par conséquent, comme le commandement ne peut être arbitraire, l'obéissance ne peut être aveugle : l'un et l'autre devant toujours être

[1] Cette grave question n'a point échappé à l'intelligence de Bentham (*Frag. on govern.*) : c'est la question du gouvernement par ordonnances soulevées sous la restauration ; c'est la confusion de la volonté du pouvoir avec celle de son agent : inévitable confusion, même en République, avec la théorie des deux ou trois pouvoirs, mais impossible avec celle de l'unité.

réglés par la loi ; que les citoyens ne doivent porter les armes dans l'intérieur de l'État que pour la défense et la protection des lois ; qu'elles ne doivent être offensives que contre l'ennemi, et ne doivent être que défensives en faveur des citoyens[1] ».

Ces idées là sont justes. La loi avant tout ; puis la fonction exécutive qui la fait respecter en s'y conformant ; enfin, nulle obéissance aveugle de la part même de ceux qui portent les armes pour le service et la paix de la cité.

L'application de cette plausible doctrine est compromise par le conflit qui naît légalement de la pluralité de pouvoirs et nécessairement de leur confusion dans une même main. Aussi, avec la royauté, le pouvoir exécutif fera toujours du despotisme, et, avec la présidence, toujours de la royauté.

Je ne sollicite pas la révision de la constitution : la réaction et le bonapartisme s'en occupent suffisamment. Mais, quels que soient le mobile et l'époque de cette révision, républicains, ne l'oubliez pas, la dualité de pouvoir est plus qu'une erreur : c'est une menace. Une mauvaise pratique n'a pas de source plus féconde qu'une vicieuse théorie.

Mais comment déraciner le mal que j'indique ?

Rien de plus facile : c'est de supprimer le pouvoir exécutif et de constituer régulièrement la fonction exécutive.

[1] Remontrances du 16 janvier 1764, à l'occasion des violences commises par le commandant militaire du Languedoc, Fitz-James.

Pour qu'elle soit régulière, cette fonction doit émaner du pouvoir législatif, comme ce pouvoir émane de la souveraineté du peuple. Quoi de plus naturel que l'agent dépende du moteur? L'infraction du rapport de l'organe à la fonction, du moteur à l'agent, cause la folie dans l'homme, le despotisme et la violence dans l'État, le désordre physique et moral en tout.

Mais la fonction exécutive est multiple de sa nature : administration, justice, guerre, rapports avec les autres États : le pouvoir législatif désignera-t-il une commission, ou n'élira-t-il qu'un chef? Il n'élira qu'un chef pour introduire l'unité même dans la fonction. Car, dans ses rapports avec l'unité du pouvoir, la fonction ne doit être aussi qu'unité : le chef de la fonction n'ayant de responsabilité qu'à la condition de son libre arbitre.

Par ce moyen, l'administration du pays aura un agent spécial, mais un agent qui, selon l'expression de Rousseau, fera en quelque sorte, dans la personne publique, ce que fait dans l'homme l'union de l'ame et du corps.

Alors aussi l'ombre de la monarchie n'aura plus d'antre pour ourdir la trame de sa royale ambition; et, dans tous les cas, la triple lignée des Jérôme Paturot, cherchant une position sociale, n'espérera plus la trouver sur les ruines de la République ou dans le cahos d'une révolution.

VIII.

Venons maintenant à l'unité de pouvoir en puissance dans la souveraineté : avec quel organisme le mettre en acte? Faudrait-il plusieurs assemblées? Une seule suffira-t-elle?

Deux chambres répugnent à l'unité de pouvoir. Qu'est-il résulté de la division, du fractionnement de cette unité sous nos monarchies? Un double foyer de guerre et de corruption d'où jaillissent la lumière qui éclaire le peuple et le feu qui dévore les rois.

Un parlement à deux chambres, comme en Angleterre, est d'origine féodale. L'aristocratie qui, selon Montesquieu, jouit de *prérogatives odieuses en elles-mêmes,* forme un corps *pour les défendre.* Ne vaudrait-il pas mieux, comme dit Destutt de Tracy, les supprimer?

Deux chambres ne conviennent qu'à la monarchie. Quelque imparfaite que soit la représentation censitaire, elle porte en son sein le germe de la démocratie, et ce germe l'esprit français le féconde rapidement. Il importe donc à la monarchie de lui opposer une seconde chambre qui, formée des créatures ministérielles de la royauté, paralyse les tendances de la chambre élective.

Mais, en définitive, quel a été le succès de ce fantôme d'aristocratie constitutionnelle, des élus de la royauté? « Les assemblées aristocratiques, a dit

Chateaubriant, règnent glorieusement lorsqu'elles sont souveraines et seules investies de fait et de droit de la puissance : elles offrent les plus fortes garanties à la liberté, à l'ordre, à la propriété ; mais, dans les gouvernements mixtes, elles perdent la plus grande partie de leur valeur, et sont misérables quand arrivent les grandes crises de l'État. Elles n'ont jamais rien arrêté : faibles contre le roi, elles n'empêchent pas le despotisme ; faibles contre le peuple, elles ne préviennent pas l'anarchie. Toujours prêtes à être chassées dans les commotions populaires, elles ne rachètent leur existence qu'au prix de leur parjure et de leur esclavage. »

Après la révolution de 1789, on comprit l'inutilité d'une seconde chambre : il n'y avait plus d'aristocratie féodale à défendre. Aussi, ne fut-il plus question que de limiter l'autorité du roi. Écoutons Malouet : « Le peuple qui veut, qui détermine qu'il lui est utile d'avoir un roi, qui l'institue comme centre de tous les pouvoirs, comme conservateur de tous les droits, a des précautions à prendre pour conserver dans les mains d'un seul l'autorité qu'il lui défère, et pour empêcher qu'il n'en abuse. Cette dernière intention est remplie de la part du peuple en réservant à ses représentants l'exercice du pouvoir législatif et la *surveillance* du pouvoir exécutif. »

Surveiller la monarchie ! l'intention est bonne ; mais, surveiller un pouvoir, c'est absurde. L'indépendance est la condition du pouvoir. Si un pouvoir était le pupille d'un autre pouvoir, il arriverait de deux choses l'une : ou le pouvoir surveillant serait corrompu par le monarque, ou la monarchie périrait quelque jour sous l'influence du pouvoir qui la surveille. Nous avons vu tout cela.

Il n'y a pas une bonne raison à donner en faveur de la division du pouvoir législatif en deux assemblées qui ne se distingueraient l'une de l'autre que par des conditions d'élection. Ce serait diviser pour régner : ce serait offrir à quelque Bonaparte insensé, téméraire ou despote, la perspective d'un 18 brumaire, perspective qui ne peut être que l'effroi d'un peuple prospère, intelligent et libre.

M'objecterait-on l'exemple des États-Unis?

D'abord, je fais observer que, dans le congrès fédéral, chaque État de l'union est représenté, dans la chambre des représentants, par un nombre de membres proportionnel à sa population; qu'ainsi les grands États, ayant plus de représentants que les petits, exercent, par leur vote, une plus grande influence que ceux-ci. Pour maintenir l'égalité d'influence, qu'a-t-on fait? Un sénat dans lequel chaque État, petit ou grand, est représenté par un nombre égal de sénateurs. Voilà comment on explique, si l'on ne justifie, la division en deux assemblées de la législature fédérale.

Voyons maintenant pourquoi dans chacun des États de l'Union, le pouvoir législatif est de même divisé en deux chambres.

« Dans un gouvernement républicain, dit Madison, l'autorité législative prédomine nécessairement. Le moyen de remédier à cet inconvénient est de diviser la législature en différentes branches, et de les rendre, par différents modes d'élection, aussi peu liées l'une à l'autre que peuvent le permettre la nature de leurs fonctions communes et leur commune dépendance de la société[1]. »

Quel singulier motif et quel étrange raisonnement !

Et, d'abord, quel mal y a-t-il que le pouvoir législatif prédomine dans une République? Puis, si la science et la raison ne peuvent avouer qu'un seul pouvoir, celui-là n'est-il pas le seul qui doive dominer? Pour *prédominer*, il faudrait qu'il eût un rival ; et la rivalité de pouvoirs, inhérente à la monarchie pour son malheur, doit être exclue de la République comme un élément irrationnel, comme une cause de lutte intestine. Dans une assemblée populaire même, une *opposition* de bancs est aussi inévitable que lumineuse ; mais une opposition de camp, chez un peuple éclairé, n'est véritablement qu'un foyer de menaces et de révolutions.

Madison ne veut pas que le pouvoir législatif prédomine dans un gouvernement républicain !.... à cause de qui? à cause de quoi?... Encore un *pouvoir* exécutif. Madison, on dirait, veut une monarchie républicaine. Il veut un pouvoir exécutif quasi

[1] *The Federalist*, n° 41, p. 259. — *Madison*, l'un des écrivains de cet ouvrage a été président.

royal, quasi inviolable, et un pouvoir législatif affaibli par sa division en deux chambres.

Diviser pour régner, maxime de despote et non de républicain. Il faut s'unir, au contraire. Je conçois la division de la législature avec la monarchie; je conçois de plus une assemblée dont les membres sont élus par le monarque. Que de précautions à prendre contre la démocratie qui tend à fonder le règne de l'égalité et de la raison! Mais qu'a-t-on à craindre du pouvoir législatif avec la République? Une assemblée de représentants du peuple peut-elle se mettre sur la tête la couronne d'un despote? Qu'elle fasse des lois monarchiques comme la réaction en fait aujourd'hui, soit : cela passe avec la réaction.

Arrêtons-nous au résultat pratique.

Les deux chambres, misérables en France, sont nulles aux États-Unis. Rappelez-vous la mémorable question des priviléges de la banque, question de la plus haute gravité pour ce pays.

Eh bien! les deux chambres du congrès, après avoir voté pour le maintien du privilége, accueillirent les raisons que le message du président proposait contre. C'est bien la peine, disais-je à un ami de Lafayette à Washington, où je me trouvais alors, c'est bien la peine de diviser la législature pour en justifier la nullité!

L'opinion de Madison n'est qu'un préjugé de l'école anglaise. Au lieu de demander à l'analyse et à la raison la théorie du pouvoir, Madison cède à la fascination des mots contre-poids (*checks*), balance, équilibre, à cette jonglerie parlementaire, à cette flouerie monarchique, qui forme le tissu du roman de Delolme sur la constitution anglaise, roman qui ne vaut, ni pour l'amusement, ni pour l'instruction, le Gulliver de Swift sur le même sujet.

Du reste, bien que les constitutions des treize États primitifs ne soient guère que les chartes octroyées par les rois d'Angleterre, cependant, il est quelques États (entre autres celui de Vermont, constitué en 1793) qui n'ont qu'une seule assemblée législative; et il est plus probable que les États qui ont deux chambres en supprimeront une, qu'il n'est certain que ceux qui n'en ont qu'une la doubleront pour accroître leur prospérité.

Chez nous, M. de Lamartine est pour une seule assemblée en temps de révolution, et pour deux chambres en temps ordinaire.

Mais comment tracer la limite de ces temps?

J'honore, dans M. de Lamartine, le plus noble cœur et la plus haute intelligence de notre époque. Mais je n'aime pas ces médailles frustes et tellement polies que la légende en est indéchiffrable et l'exergue sans date.

Posons nettement la question.

Voici 1814, 1830 et 1848 : comment déterminer la durée de l'une de ces crises? Et si, pendant la crise, rien ne doit contrarier, surprendre la volonté d'une assemblée délibérante qui, mal informée, se trompe ou se passionne, pourquoi craindre, paralyser la volonté d'une assemblée plus calme, lorsque, ayant le temps de s'éclairer, elle examine avec attention et délibère avec maturité? D'un autre côté, si une seule assemblée ne suffit pas, il n'y a pas plus de raison de s'arrêter à deux qu'à trois ou à quatre. Avec deux chambres seulement, si l'avis de l'une n'est pas celui de l'autre, quel est le meilleur des deux? Le dualisme parlementaire les rejette également. Belle machine législative, vraiment, que la négation, l'impuissance systématique!

L'opinion de M. de Lamartine est doublement erronée. Un seul corps délibérant, dans une crise révolutionnaire, peut céder à un mouvement irréfléchi, passionné. Ne serait-ce pas le cas d'appeler de sa décision à une autre assemblée? L'urgence même n'est point encore un train à toute vapeur.

Deux chambres, enfin, se justifieraient-elles comme moyen d'en appeler de l'une à l'autre? J'incline peu pour la justice à deux degrés; je sais qu'il y a plus de mauvais arrêts infirmatifs que de bons confirmatifs. Mais, après tout, une cause judiciaire n'est pas un intérêt privé; l'opinion publique ne s'en inquiète pas; l'intervention de la presse ne l'éclaire pas de son flambeau; il n'y a ni comité, ni commission d'enquête pour l'élaborer : tout se passe entre deux avocats plus ou moins retors et quelques juges plus ou moins éveillés; il n'est pas impossible que de part ou d'autre il y ait surprise ou sommeil; puis de nouveaux moyens et même de nouvelles pièces peuvent se découvrir : tout cela justifie en quelque sorte l'utilité d'un tribunal d'appel. Mais qu'en conclure en faveur de la division du pouvoir législatif en deux chambres? Bonne ou mauvaise, la décision du tribunal d'appel reçoit son exécution. Mais, si l'une des chambres législatives ne confirme pas la décision de l'autre, l'aveuglement de celle-ci frappe celle-là de paralysie; de telle sorte qu'elles n'exercent leur autorité que pour justifier leur impuissance. La négation est la raison du mal, tout est dit.

IX.

Il m'importait de motiver l'exclusion de la monarchie, car l'impôt n'étant pas un bien en soi, on ne peut en adoucir le mal qu'en simplifiant le mécanisme du gouvernement, qu'en réduisant à leur plus juste mesure les frais de son mouvement et de ses actes.

Et quel gouvernement plus simple que celui d'une assemblée législative et d'une commission exécutive? Celui du peuple lui-même, répondent ceux qui ne veulent ni assemblée, ni président.

Mais qu'est-ce que le gouvernement du peuple? Comment un peuple en masse peut-il émettre sa volonté? et les volontés individuelles n'étant pas moins opposées que diverses, où sera l'urne qui recevra le vote de chacun pour former une loi de majorité?

Athènes, il est vrai, légiférait sur la place publique. Mais Athènes n'était qu'une ville, et la masse du peuple qui cultivait son territoire étant esclave, n'était rien; c'était le petit nombre, les citadins qui étaient tout. Puis, l'agora, le forum, est-ce le dernier mot de la science sociale?

On insiste : le peuple, disent les inventeurs du *self government*, du gouvernement direct, doit exercer lui-même son pouvoir au lieu de le déléguer.

Mais le pouvoir ne se délègue pas, il se constitue; c'est toujours le peuple qui l'exerce de droit; s'il ne l'exerce pas de fait, c'est qu'il souffre qu'on l'usurpe.

Le peuple, au point de vue politique, est une association déterminée par des rapports sociaux. Ces rapports impliquent une volonté collective et une force publique. Cette force et cette volonté constituent essentiellement un corps artificiel qui s'organise à l'image d'un corps naturel. Il a une tête, un *sensorium commune,* l'organe de la volonté, fondement du pouvoir; il a des membres et un organisme propre à remplir les fonctions nécessaires à le conserver et l'améliorer; il a une destinée enfin, l'intérêt commun à tous, c'est-à-dire, liberté et propriété, vie physique et vie morale de chacun des membres de la société.

Supprimez cette organisation sociale, il n'y a plus de peuple politique; il ne reste qu'une agglomération qui, à la cessation de l'obstacle, s'organise immédiatement : car chacun de ceux qui la composent, en proie à son isolement, est dépouillé de son individualisme ; en d'autres termes, le gouvernement direct qu'il voudrait exercer dans son intérêt personnel, est contrarié, démoli par le gouvernement direct de celui qui pense et agit d'une autre façon que lui : de là, plus de morale que l'arbitraire, plus de justice que la force. Évidemment, le gouvernement direct, nécessairement individuel, est l'anarchie, l'absence de gouvernement, le pire des despotismes, c'est-à-dire la tyrannie de plusieurs meneurs ambitieux ou scélérats qui, travaillant à se créer une puissance de fait, usurpent le pouvoir de droit et reconstruisent une dynastie monarchique sur la ruine de l'égalité sociale.

L'organisation de la volonté collective et de la force publique est tellement intime et adéquate à la nature morale de l'homme, que « tous conçoivent le gouvernement sous l'image d'un pouvoir unique, simple, providentiel, créateur [1]. »

Le gouvernement, en effet, c'est-à-dire le corps artificiel qui imprime le mouvement au corps naturel de la société, n'est pas une délégation de pouvoir; c'est le pouvoir en puissance qui se réalise par sa mise en acte. C'est la collection harmonique de la force et de la volonté de tous, collection d'autant plus puissante que les individus sont plus nombreux et plus éclairés.

[1] TOCQUEVILLE, *De la Démoc. en Amér.*, t. IV, part. IV, ch. II.

On peut simplifier le gouvernement tant qu'on voudra, mais à deux conditions pourtant : la première, que le corps artificiel ne cesse pas d'être à l'image du corps naturel, car c'est un monstre à trois têtes, selon Saunderson, qu'une monarchie dont le pouvoir, indivisible de sa nature, se partage entre un roi et deux chambres; la seconde, que l'un de ces corps ne soit pas identiquement l'autre, car ce serait, comme je viens de l'expliquer, la négation de tous les deux. Cette négation, forme positive du gouvernement direct, n'est appropriable qu'à une société d'anges ou bien à un troupeau de bêtes, et l'homme n'étant ni une bête ni un ange, comme dit Pascal, le gouvernement négatif ou direct, le *sefl government* reste à l'état de rêverie dans les ténèbres du socialisme.

X.

Pour constituer un bon système financier, il ne suffit plus aujourd'hui de simplifier la forme du gouvernement, de l'armer de bonnes lois organiques, d'éclairer son mouvement du flambeau de la presse dont la liberté est le palladium de toutes les libertés et la ruine de tous les despotismes; il faut encore nettoyer le budget, y introduire l'ordre, l'économie et les réformes que réclament la raison, la justice et l'administration intelligente de la fortune publique.

Voici à cet égard les premiers points à toucher :

1° Suppression de toute dotation, frais de représentation, etc. S'il plaît aux princes de faire danser les princesses, ce n'est point au peuple de payer les violons.

2° Suppression des abus qualifiés crédits supplémentaires, dette flottante et autres floueries monarchiques qui, dévorant notre blé en herbe, nous mettent sur la paille.

3° Suppression de toute dot princière. A quel titre paie-t-on 300 mille francs à madame la duchesse d'Orléans? La famille d'Orléans est assez riche pour rendre compte de leurs dots à ses brus, et ne le fut-elle pas, que le peuple français n'en deviendrait pas son débiteur solidaire. Il n'y a rien, dans la justice politique même, qui puisse blesser les sentiments généreux qu'inspirent l'infortune et le caractère personnel de madame la duchesse d'Orléans.

4° Suppression d'une foule de pensions par suite de l'exercice de quelque fonction publique. Pourquoi une pension de 6,000 francs, par exemple, à un préfet de la Seine qui jouit de 60 ou 80 mille francs de rente? En exécution d'une loi, me dit-on. Eh bien! abrogez cette loi. Accorder une pension au fonctionnaire, au soldat qui se retire du service sans fortune, c'est juste. La France est assez riche pour soutenir de bons et de braves serviteurs. Mais accorder une pension à quiconque a le moyen de vivre honorablement, c'est une dérision ; c'est une insulte officielle à la misère du pauvre. Est-ce là l'*honneur* dont Montesquieu pare la monarchie, ou la corruption dont elle fait un instrument de domination ? N'importe, plus de cet honneur monarchique, sa besace est trop creuse. Sous la République, on se trouve doublement récompensé d'avoir servi la patrie, d'abord par le traitement dont on a joui, et puis, par l'estime publique qu'on a conquise. N'a pas qui veut le talent, le profit et l'honneur de servir son pays.

5° Suppression de la moitié ou du tiers de l'armée de terre. De plus, organisation de cette armée de manière qu'elle puisse être employée à des travaux utiles à l'accroissement de la richesse publique.

6° Suppression du budget du clergé. La liberté de conscience, la plus intime de toutes les libertés, ne court jamais aucun danger : elle n'est donc pas du ressort du gouvernement politique. Aussi la religion est-elle une affaire personnelle qui n'a jamais rien à démêler avec les intérêts généraux. « Sans doute, comme dit Destutt de Tracy, il y a des religions plus nuisibles que d'autres par les usages qu'elles adoptent, par les maximes pernicieuses qu'elles consacrent, par le célibat de leurs prêtres, par les moyens de séduction, de corruption ou seulement d'influence qu'elles leur donnent, par leur dépendance d'un souverain étranger, surtout par leur aversion plus ou moins grande pour les lumières en tout genre. Mais aucune, quelle qu'elle soit, n'appartient en rien à l'ensemble du corps social. Elle est une relation immédiate et particulière de chaque individu avec l'auteur de toutes choses. Elle n'est point au nombre des choses qu'il a dû mettre en commun avec ses co-associés ou concitoyens. On ne peut jamais s'engager à penser de même ou autrement qu'un autre, parce qu'on en est pas le maître. On ne l'est pas même de ne pas changer d'avis. Toute religion consiste essentiellement dans des opinions purement spéculatives appelées *dogmes*. Sous ce rapport, toutes, excepté la véritable [1], sont des systèmes philosophiques plus ou moins téméraires, plus ou moins contraires à la sage réserve de la saine logique. Toutes joignent à ces dogmes quelques préceptes de conduite. Si quelques-uns de ces préceptes sont contraires à la saine morale sociale (et cela arrive toujours [2], parce que toutes ont

[1] Quelle est-elle, la véritable religion? C'est la mienne, répond chacun. (J.-J. Rousseau.) Nul système de morale n'est plus profond et plus éloquent que la profession de foi du *vicaire savoyard*.

[2] Par exemple, ces passages des évangiles : « Si quelqu'un vient à moi et ne haït pas son père et sa mère, sa femme et ses enfants, ses frères et ses sœurs, et même sa propre vie, il ne peut être mon disciple. (Luc. xiv. 26.) » Le fils aîné de Henri II, roi d'Angleterre, s'autorisa de ce texte pour se révolter contre son père. (Thierry, *Hist. de la Conq.* t. iii, p. 65.) « Ne pensez pas que je sois venu apporter la paix sur la terre ; je ne suis pas venu y apporter la paix, mai

été faites dans des temps d'ignorance, et que la morale ne peut être épurée que dans des temps éclairés, et ne l'est pas même encore complétement).

l'épée. (MATT. X. 34.) » « Quant à mes ennemis qui n'ont pas voulu m'avoir pour roi, qu'on les amène ici et qu'on les tue en ma présence. (LUC. XIX. 27.) » Telle est la doctrine que les évangiles prêtent à Jésus-Christ. « Aussi le zèle religieux peut se vanter d'un affreux avantage sur le zèle révolutionnaire ou politique, c'est qu'il a été plus sanguinaire et d'une perversité plus constante. (BOLINGBROKE'S, *Lett. on Hist.* IV.) » « N'est-ce pas la religion qui, s'emparant de tout, a perverti la logique, rendu la morale incertaine, corrompu la politique, converti en énigmes les vérités les plus claires et forcé la raison de se conformer à son délire? (DUMARSAIS, *Ess. sur les Préj.*) » Un arrêt du mois de juillet 1562 prescrit de tuer les huguenots partout où on les trouvera, et cet arrêt était lu au prône tous les dimanches. (DE THOU, *Hist.* l. XXX.) S.-Louis, dit JOINVILLE, voulait que pour tout argument on passât l'épée au travers du corps d'un mécréant. « On a dit souvent que le christianisme nous avait civilisés : peut-être serait-il plus exact de dire que la civilisation a épuré notre christianisme. Si la lettre des évangiles n'a pas changé, nous avons beaucoup changé dans notre manière d'entendre l'évangile; nos sentiments et nos principes religieux ont suivi la marche de tous nos sentiments et de tous nos principes; ils sont devenus plus purs à mesure que nous avons été plus cultivés. (DUNOYER, *Nouv. Trait. d'Écon. pol.* t. I, p. 294.) » Où en serait la raison humaine, s'il n'y avait eu pour l'éclairer que des saints, des prêtres et des rois?

ces préceptes sont un mal. Si les préceptes de conduite, adoptés par une religion, étaient tous répréhensibles, ils auraient encore le tort qu'elle leur donnerait pour base des opinions hasardées, au lieu de les fonder sur la saine raison et sur des motifs inébranlables. C'est là le cas de dire, avec bien plus de raison, ce que Omar disait de l'*Alcoran* : « Si tous ces livres n'enseignent que la même chose que la raison, ils sont inutiles ; s'ils enseignent le contraire, ils sont nuisibles. » Le gouvernement ne doit donc jamais faire enseigner aucun système religieux, mais la meilleure doctrine morale, reconnue telle par les esprits les plus éclairés du temps dans lequel il existe. D'ailleurs, les opinions religieuses ont ceci de particulier, qu'elles donnent un pouvoir illimité à ceux qui les annoncent sur ceux qui les croient réellement les dépositaires et les interprètes de la volonté divine. Leurs promesses sont immenses dans l'avenir. Nulle puissance temporelle ne peut les balancer. Il suit de là que les prêtres sont toujours dangereux pour l'autorité civile ; ou bien que, pour en être soutenus, ils adorent ses abus et font un devoir aux hommes de lui sacrifier tous leurs droits ; en sorte que, tant qu'ils ont un grand crédit, ni liberté, ni même oppression paisible, n'est possible. Aussi tout gouvernement qui veut opprimer s'attache les prêtres, puis travaille à les rendre assez puissants pour le servir [1]. Celui qui veut le bonheur de la liberté

[1] M. Thiers, à propos du concordat, dit ceci de Bona-

s'occupe de les discréditer par le progrès des lumières [1].

Ces réflexions sont aussi justes que profondes. L'auteur les condense dans ce résumé : « *Moins les idées religieuses ont de force dans un pays, plus on y est vertueux, heureux, libre et paisible.* » L'histoire nous apprend, en effet, que la religion, si hautaine et si fervente sous le despotisme, marchait de front avec la misère et l'intolérance, les dragonnades et la servitude, la corruption et l'immoralité.

Si l'on supprime le budget du clergé, dira-t-on, de quoi vivra le prêtre? Il vivra de l'autel. Il vivra des prières et des cérémonies qui lui seront demandées par ceux qui en auront besoin. Pour le prêtre, il n'y a pas de plus noble, de plus honorable existence. MM. de Lamennais et Montalembert l'ont bien compris. Affranchi du budget, le prêtre conquerrait son indépendance, et le sacerdoce ne se-

parte : « Est-il besoin de rechercher s'il agissait par une inspiration de la foi religieuse, ou bien par politique ou par ambition? » Il agissait par *sagesse,* dit M. Thiers. « Avec les armées françaises et des égards (disait Bonaparte du pape), j'en serai toujours le maître. Il fera ce que je lui demanderai dans l'intérêt du repos général. Il calmera les esprits, les réunira sous sa main et les placera sous la mienne. (*Hist. du Cons.*) Voyez où la *sagesse* de ces farceurs-là, héros et historien, conduit la morale et la liberté!

[1] *Comment. sur Montesquieu,* l. XXIV et XXV.

rait plus une carrière ouverte à l'ambition et à la misère d'un esprit étroit et fanatique, mystique ou turbulent : il deviendrait la vocation seulement d'une ame élevée qui n'aspire à d'autre bonheur qu'à celui de répandre la lumière qui est sous le boisseau, à d'autre pouvoir qu'à celui d'inspirer, par ses paroles et par son exemple, la pratique de la charité, la vertu du désintéressement et le culte inaltérable de la morale : culte, vertu, pratique, que nos prêtres exercent peu, connaissent guère et profanent souvent sous les espèces des Contrafatto, des Léotade, des Gothland et de tant d'autres couverts du voile de la discrétion et de l'obscurité. Malheureusement, le plus vif instinct de tout despotisme qui se fonde ou veut se perpétuer, est d'étouffer la pensée, d'éteindre le flambeau de la presse et de rallumer le feu de la religion [1].

Quoi! m'objecterait-on encore, il n'y aurait plus officiellement d'instruction religieuse?

Pour répondre à cette question, je vais me placer à la droite d'un guide dont personne ne peut contester les lumières et l'autorité.

« L'instruction religieuse, dit Adam Smith, est une espèce d'instruction dont l'objet n'est pas tant de faire de bons citoyens dans ce monde, que de

[1] La religion a toujours été un *instrumentum regni*. Un pape même, Léon X, a dit : Que de biens nous vaut cette fable du Christ! *Quot commoda dat nobis hæc fabula Christi!* Voy. Ferrari, *Vico et l'Italie*, p. 10.

préparer chacun pour un meilleur monde dans une autre vie. » (*Wealth of The nat.* v. I. 3.)

Une telle instruction, évidemment, n'a pas d'intérêt politique; elle est un besoin tout personnel. Libre à chacun, après avoir appris ce qu'il faut savoir pour se conduire en bon citoyen dans ce monde-ci, d'employer son temps de reste à se préparer à vivre dans celui-là. Mais, en toute conscience, les frais de ses préparatifs, plus ou moins considérables en raison de ses aspirations et de sa fortune, peuvent-ils mettre à contribution d'autres revenus que les siens?

Comme l'économiste anglais, un illustre publiciste italien attache beaucoup d'importance à l'instruction publique. Mais il demande qu'elle soit confiée à des magistrats et non à des prêtres; car, selon lui, les intérêts du sacerdoce ne sont pas d'accord avec ceux de la société [1]. Je suis de son avis.

« Si l'on objectait que la morale exige qu'il en soit ainsi, je répondrais par des faits nombreux que le contraire est complétement obtenu. J'ai visité les bagnes, ainsi que la moitié des prisons de France, et j'ai reconnu que sur cent condamnés ou prévenus pour délit ou crime, quatre-vingts ne savaient ni lire ni écrire; dix savaient seulement lire. Tous cependant savaient parfaitement le catéchisme, les évangiles et les prières [2]. »

[1] FILANGIERI, *Scienza della legis*, l. IV, ch. II.

[2] GOURÉ, *Ess. sur l'Inst. prim.* 1838. — « Pensez-

L'instruction religieuse n'est pas, du moins, le préservatif de l'hypocrisie et de la superstition ; ne réduit-elle pas même trop souvent le *devoir* à la morale négative d'une pratique machinale? L'histoire, du reste, atteste que de mauvaises actions ont été commises avec l'idée qu'une pratique dévote efface toute culpabilité. Je ne saurais m'expliquer autrement les vices et les crimes dont tant de prêtres et de gens religieusement instruits donnent si souvent l'effrayant scandale.

Aux yeux de la monarchie, l'ignorance et la crédulité ont leur mérite, et, dans son esprit même, la misère est un frein [1]. Seule, la République ne redoute ni les lumières, ni l'expansion du bien-être physique et moral ; elle seule peut et doit tarir les sources de l'immoralité venant de l'ignorance et de la misère. Quant à l'immoralité qui vient de l'ambition, elle est monarchique comme l'avidité du courtisan.

Prêtres, voulez-vous concourir à l'œuvre de la République et faire descendre dans son sein l'esprit du christianisme qui plane sur elle? sortez des ténèbres et de l'immobilité cléricale ; renoncez à la

vous que, sans la consolation de la religion, je pusse ne pas succomber à mon infortune? — Non. Je m'étonne plutôt que la religion ne vous ait pas détourné du crime qui vous a conduit en prison. » TOPFFER, *Biblioth. de mon Oncle,* 1.

[1] Maxime de M. Guizot, rappelée dans la séance législative du 24 mai 1851.

pitance budgétaire d'un apostolat soudoyé ; affranchissez-vous du lien profane d'une domination servile et d'une cupidité mondaine ; descendez, enfin, de la tribune politique où votre sagesse n'a rien à gagner et votre dignité tout à perdre, et vous retirez au fond du sanctuaire de la douce et pure lumière de la science, de la morale et de la raison. Alors, grace à votre appui sacré, la religion, au lieu de façonner des eslaves pour les rois, formera des citoyens pour la patrie ; et dès lors aussi, au cri détracteur que pousse un siècle éclairé contre votre saint ministère, succédera un concert de louanges, de respect et de vénération, en reconnaissance de l'instruction positive et de la morale éclairée qui seront le fruit de votre enseignement, de vos mœurs réformées, du désintéressement et des vertus dont vous donnerez le salutaire exemple. — Les nobles accents que vient de faire entendre Mgr l'archevêque de Paris relèvent nos espérances; mais feront-ils éprouver les mêmes sentiments à l'orgueil ultramontain et aux ambitieuses médiocrités du métier ?

J'ai signalé les principales réformes qu'un bon système financier réclame. Il en est beaucoup d'autres à réaliser avec le temps. On pourrait en indiquer quelques-unes aujourd'hui. Mais ce travail prématuré dépasserait les limites que je me suis imposées.

XI.

J'ai déblayé à la grosse le terrain sur lequel peut s'asseoir un système régulier d'impôt. Maintenant quelle sera l'assise de notre édifice? Un impôt unique qui puisse judicieusement satisfaire aux besoins réels du service public.

Par l'impôt unique, une foule d'employés à la perception de tous les impôts supprimés, deviennent inutiles. De là une économie qui favorise encore la modération du nouvel impôt.

Un impôt est modéré, d'abord, parce qu'il n'enlève qu'une faible partie du revenu du contribuable; ensuite, parce que l'emploi qu'en fait l'administration est si clair, si juste et si favorable au pays, que le contribuable y voit en quelque sorte un bon placement. Que le gouvernement, par exemple, répande l'instruction; qu'il construise des ponts, des canaux, des chemins de fer dans l'intérêt du commerce et de l'industrie; qu'il protège l'agriculture et la développe au moyen de débouchés, de desséchements et d'endiguements de fleuves ou rivières : dans tous ces cas et autres, le contribuable intelligent ne regrette pas sa quote-part d'impôt; car le bon usage que l'on en fait est favorable à ses propres intérêts. C'est dans ce sens que plus un peuple est libre, comme dit Montesquieu, plus il peut être chargé d'impôt. Un peuple libre, en effet, et dont le bien-être va croissant, ne marchande pas avec les moyens d'accroître encore, d'accroître toujours sa fortune et ses jouissances physiques, intellectuelles et artistiques. Mais, au contraire, lorsque la quote-part va croissant et s'évapore du coffre monarchique en listes civiles, dotations princières, intérêts dynastiques, guerres liberticides, folies diplomatiques, entretien de sbires et de forces de compression, *statu quo* de la corruption des hommes et de la vacuité des lois; lorsque, d'ailleurs, les aménités monarchiques ne sont que l'éternelle répétition des galas, des bals, des longues files d'équipages, de chevaux, de laquais, d'aides-de-camp, de séides, oh! alors le contribuable grogne; il trouve que le plaisir du spectacle ne vaut pas l'argent qu'il donne au bureau; et bientôt, envoyant les acteurs au diable, il ferme le théâtre.

La société est appauvrie, menacée : comment la rassurer et la faire vivre? Est-ce en créant des bureaux de bienfaisance, en ouvrant des hospices, en légiférant l'assistance et la charité? Pauvres inventions que tout cela pour éteindre le paupérisme. Si un gouvernement libre et une administration nationale ne parviennent pas à développer les facultés de l'homme par l'instruction et à multiplier les travaux et l'industrie par l'introduction de l'ordre dans les affaires publiques et l'économie dans le budget, par la confiance qu'inspirent le respect des institutions et la poursuite des réformes utiles, qu'on n'y songe plus : l'ignorance et la misère deviennent une lèpre incurable de la société.

Mais non; la misère et l'ignorance ne peuvent lutter avec succès contre la puissance de la liberté politique et l'autorité légitime d'un pouvoir national. L'autorité, que l'on invoque si haut, n'est faible que de sa propre faiblesse. L'esprit de parti se plaint à tort que le mal hideux qui la ronge inspire du dégoût, de l'éloignement pour elle. L'autorité n'est pas plus une abstraction que le jésuitisme; des hommes en furent toujours et en sont encore l'incarnation. Aussi l'autorité a-t-elle toujours la valeur de celui qui la représente. Washington et Cavaignac, après avoir quitté le pouvoir, n'en conservèrent pas moins l'estime et le respect de leurs concitoyens. Tant vaut l'homme, tant vaut l'autorité. Que deviendrait-elle, par exemple, si quelque jour elle s'incarnait dans celui qui se posait naguère comme son champion? Elle deviendrait un second *avatar* de S.-Ignace de Loyola. Quelle estime publique, quel respect national inspirerait l'autorité sous la forme d'un grand sacristain? C'est bien facile à dire. Que veulent, en effet, les ultramontains? « Former des esclaves et non des citoyens, voilà leur espoir; aplanir les voies du pouvoir absolu, voilà leur but; *contrains-les d'entrer,* voilà leur éternelle maxime. Tel a été le secret de leur conduite dans tous les temps. » (Le *Constitutionnel* du 28 février 1844.) — Le caractère de l'autorité n'est point étranger à l'étude d'une bonne théorie financière.

XII.

L'impôt est direct ou indirect : direct, quand il prend une part, soit du capital, soit du revenu; indirect, quand il augmente le prix de la chose que l'on achète.

L'impôt indirect a quelques avantages apparents. Le contribuable peut se soustraire à cet impôt, en n'achetant point la chose imposée. Celui qui s'abstiendrait de vin et de tabac, par exemple, ne paierait pas les droits dont ils sont grevés. Celui qui ne peut s'en passer peut encore attendre qu'il ait de l'argent pour en acheter. Enfin, quelque élevé que soit le prix de la marchandise imposée, le contribuable n'aperçoit pas l'impôt qui l'élève. Aussi, dans un discours introductif à sa traduction d'Adam Smith, Germain Garnier a-t-il fait l'éloge de l'impôt indirect. Toreno, dans son ***Histoire de l'invasion de l'Espagne***, signale aussi la résistance que rencontra dans ce pays l'établissement d'une contribution unique et directe. « Elle était vue, dit-il, de mauvais œil (*de reojo*) par le peuple peu affectionné à payer en connaissance de cause (*a sabiendas*) les charges qu'on lui impose. » Toreno lui-même parait affectionner les impôts indirects. Il pense que leurs produits suivent le mouvement de l'industrie, haussant ou baissant avec elle, sans nuire beaucoup à ses allures, ni opposer les rentrées du trésor à la marche de la prospérité publique. Mac Culloch est de cet avis.

Je ne crois pas, quoiqu'en disent Garnier, Toreno, Mac Culloch et quelques autres, qu'il faille attribuer au peuple une préférence décidée pour les impôts indirects. L'ignorance, je le conçois pourtant, est plus d'une fois la cause de l'erreur et la justification d'une résistance opiniâtre au triomphe d'une vérité utile. Mais le peuple sur-tout, qui préfère les impôts indirects à tout autre impôt, c'est le peuple riche, le peuple qui ne consomme pas plus que le pauvre, le peuple, enfin, que la monarchie ménage, introduit dans ses conseils et ses affaires et qui, par cette raison, jette sur les épaules de l'ignorance et de la misère, le fardeau que l'impôt direct déposerait sur les siennes.

Quoi qu'il en soit, les économistes les plus éclairés pensent que les impôts indirects dérangent l'ordre naturel de la distribution des capitaux; qu'ils leur communiquent de fausses impulsions; que, par cette raison, ils nuisent à l'industrie, altèrent la valeur des utilités, et font enchérir le prix du travail. Lorsque l'impôt indirect frappe un objet de première nécessité, il fait logiquement augmenter le salaire, ou l'ouvrier ne pourrait vivre. Mais de ce que le salaire s'élève logiquement, il ne s'en suit pas qu'il s'élève nécessairement : la hausse du salaire peut tout simplement faire tomber le travail, de telle sorte que l'ouvrier qui ne peut vivre avec un salaire insuffisant, est misérable, séditieux ou voleur, quand il n'a plus de salaire du tout.

L'impôt indirect est de nature monarchique. Il

fait de l'erreur la vérité avec l'artifice le plus coupable. « Il a lieu, comme dit fort bien Destutt de Tracy, au prorata de la misère et non de la richesse; il est en raison directe des besoins du contribuable, et en raison inverse des moyens qu'il a d'en payer le montant. » Maintenir l'ignorance par la misère et la misère par l'ignorance, c'est l'art de la monarchie, qui ne redoute pas moins le bien-être général que les lumières et la liberté qu'il engendre.

XIII.

L'impôt indirect éliminé, il n'y a plus qu'à choisir entre les impôts directs. On ne peut les admettre tous, et nous avons précédemment signalés ceux qui sont inadmissibles. Enfin, comme tout impôt direct porte nécessairement sur le capital ou sur le revenu, il ne nous reste qu'à choisir entre l'une et l'autre assiette, et à justifier notre option.

Je n'hésite pas à proscrire l'impôt sur le capital. On connaît les raisons que j'en ai données. J'ajoute que mon opinion est conforme au sentiment des économistes et des hommes d'État les plus éminents. Du reste, cette double maxime en est l'explication justificative : la production étant le fruit du capital, atteindre celui-ci serait nuire à celle-là; et comme l'impôt annuel est le revenu public, il est rationnel qu'il ne soit qu'une part annuelle aussi du revenu privé.

Rappelons encore, avec Ricardo et Florez Estrada,

que l'impôt, bien qu'assis sur le capital même, ne l'atteint qu'à la double condition que le revenu ne puisse le solder, ou qu'il en soit tellement réduit, que le contribuable soit obligé, pour vivre, d'ébrécher son capital.

L'impôt que M. de Girardin propose remplirait cette condition, c'est de toute évidence. Il y a, en France, environ 342,000 propriétaires dont le revenu ne dépasse pas 500 fr. Cela suppose, au taux de 2 1/2 à 3 pour 0/0, un capital à chacun d'environ 18,000 fr. Avec un impôt de 1 pour 0/0, la quote de chacun, s'élevant à 180 fr., absorberait plus du tiers du revenu et finirait par engloutir le capital.

Il faut exclure l'impôt sur le capital, parce qu'il détruit, comme dit Sismondi, ce qui devrait faire vivre les particuliers et l'État. Il faut établir l'impôt sur le revenu, parce qu'alors les dépenses de l'État ne sont qu'une simple restriction de la dépense des particuliers, restriction qui, vu le besoin de jouir de chacun, ne peut être qu'un mobile d'activité et de prévoyance.

XIV.

L'impôt sur le revenu demeure notre règle générale, que viennent confirmer quelques exceptions. Ainsi nous maintenons : 1° l'impôt de la poste ; 2° l'impôt du timbre, mais fortement réduit ; 3° les droits d'enregistrement, mais très-modérés ; 4°

l'impôt sur le tabac; 5° celui sur les cartes à jouer un peu plus élevé qu'il n'est; 6° l'impôt sur le contrôle en matière d'or et d'argent, vérification des poids et mesures, brevets d'invention; 7° les amendes judiciaires; 8° les droits de mutation sur les successions autres qu'en ligne directe. De plus, ces droits seront progressifs et calculés d'après l'échelle dont je parlerai plus loin. Je considère l'échéance d'une succession comme un revenu extraordinaire de celui qui la recueille.

Je ne dis rien des douanes. C'est une législation à refaire, et, sous la République, elle doit être conçue dans le sens le plus large et le plus favorable au libre échange. Le droit protecteur ne doit exister que pour soutenir les premiers pas d'une industrie naissante, née viable et qui puisse devenir assez forte pour conquérir son indépendance.

L'opinion émise par M. Thiers à la tribune, les 27 et 28 juin, prouve seulement tout ce que peut l'assurance de l'honorable orateur sur une majorité monarchique dont l'ignorance, en pareille matière, est heureuse de s'appuyer sur un oracle qui consacre sa répugnance à tout progrès et sa résistance à toute amélioration sociale.

XV.

L'impôt sur le revenu se présente seul revêtu de la condition résolutive du problème de la péréquation de l'impôt. A quelle condition, en effet, résoudre ce problème? A la condition que chacun contribue aux charges publiques en raison de ses facultés personnelles. Or, quelle est la plus exacte mesure des facultés de chacun? le revenu. Considérer le capital comme un objet de consommation, c'est l'anéantir : c'est, comme le sauvage, couper l'arbre pour en cueillir les fruits. Le capital, au surplus, atteste d'autant moins les facultés de son possesseur, que les capitaux ne sont pas également productifs dans certains lieux et sous certaines formes.

L'impôt sur le revenu a un avantage fort important.

« Pour savoir, dit Florez-Estrada, si une contribution est répartie avec égalité, on ne doit pas prendre en considération les moyens de ceux qui la payent directement, mais bien de ceux-là sur qui elle retombe. » Dans l'ancien système financier il y a donc des contributions qui, en définitive, pèsent sur d'autres que sur ceux qui les paient directement. A ce sujet, Florez-Estrada s'explique ainsi : « Si une contribution est imposée sur les utilités du capital agricole, et non sur celles du capital engagé dans les autres branches d'industries, elle retombe sur le consommateur; par conséquent, les plaintes qu'élèvent les propriétaires contre les contributions imposées sur l'industrie agricole dont ils se croient surchargés, sont tout-à-fait chimériques[1]. »

[1] *Princ. d'Écon. pol.*, IVe p., ch. VII. Le propriétaire, à

La contribution sur les utilités agricoles retombe sur le consommateur, parce que le propriétaire élève le prix de ses produits. Mais comment pourrait-il élever ce prix, si toutes les utilités des autres industries étaient également frappées de la contribution? Quand tout le monde élève le prix de ses produits, personne ne l'élève; le même niveau de valeur relative subsiste. La hausse générale pèse sur tous les consommateurs dont les producteurs eux-mêmes font partie.

Voilà comment l'impôt sur le revenu, atteignant tous les revenus sans distinction, ne frappe que celui qui le paie directement. Ainsi la question de savoir sur qui retombe l'impôt en définitive, question qui a tant préoccupé les premiers économistes et qui en préoccupe encore quelques-uns de nos jours, se trouve résolue, ou, du moins, épuisée et sans le moindre intérêt scientifique.

XVI.

L'impôt sur le revenu est généralement accueilli au point de vue théorique; mais, au point de vue

la rigueur, ne paie pas d'impôt. Lorsqu'on achète un immeuble, ne prend-on pas en considération, pour en limiter le prix, les charges de toute nature qui le grèvent? Cependant les impôts peuvent s'élever après l'acquisition : dans ce cas la différence de quote est un véritable impôt.

pratique, il a de graves adversaires. Quant à moi, une bonne théorie me semble la plus sûre garantie d'une bonne pratique; c'est-à-dire, je ne vois que dans la rationalité de la théorie la possibilité tout aussi bien que l'efficacité de son application. D'ailleurs, si je réponds suffisamment aux objections de Mac Culloch et de Florez-Estrada, j'aurai satisfait à toutes les objections possibles.

Les deux célèbres économistes repoussent l'impôt unique sur le revenu, par la raison, selon eux, qu'il est impossible de connaître le revenu de chaque contribuable. Comment, disent-ils, évaluer, même approximativement, les salaires des personnes qui exercent des professions libérales? Comment évaluer aussi les utilités ou profits du capital employé dans les fabriques, le commerce et l'industrie en général? De pareilles évaluations ne leur paraissent pas possibles. L'impôt sur le revenu produirait, selon Mac Culloch, l'effet d'une prime à la fraude. Bien plus, si l'impôt était élevé, la fraude engendrerait la corruption la plus honteuse, et détruirait ce sentiment délicat de l'honneur, qui est la base de la vertu et de la probité sociale.

Je n'ai pas affaibli la force de l'argument en l'exposant. Voyons maintenant ce qu'il a de mérite positif et de virtualité.

Et d'abord, pour qu'un tel argument eût quelque valeur ici, il faudrait qu'on ne pût l'objecter aux impôts actuels. Or, quelle précision a leur base? l'approximation la plus arbitraire; et quelle moralité produit leur perception? la fraude, la contrebande, enfin, le soulagement du riche aux dépens du pauvre.

Si, pour établir l'impôt sur le revenu, il fallait une évaluation précise, exacte, mathématique du revenu de chacun, je dirais que l'établissement de cet impôt est impossible. Mais, par contre, j'affirmerais que nul impôt n'est possible; que le revenu même d'un domaine n'est pas plus exactement constaté que celui d'une industrie ou d'une profession. Tout le monde le sait, rien de plus incertain que l'indice fourni par le meilleur cadastre. Nul cadastre, en effet, ne peut dominer tous les accidents qui le rendent défectueux, ni échapper aux faits successifs et variables qui le rendent inutile.

Il est plus facile, dites-vous, d'évaluer le revenu de la terre que celui du commerce et de l'industrie : je vous l'accorde. Mais vous ajoutez que si le propriétaire dissimulait son revenu, ses voisins et co-contribuables seraient intéressés à le faire connaître : je prends acte de votre aveu. Qu'en résulte-t-il? Que tout se soustrait à l'exactitude et n'est qu'approximatif en matière de contribution. Ajoutez que l'approximation est la seule règle applicable aux affaires humaines; que les calculs du navigateur même n'échappent pas à cette règle; bien plus, que le rapport du rayon à la circonférence ne s'obtient aussi que par une approximation mathématique.

Si donc, en matière d'impôt, les éléments d'évaluation sont plus saisissables dans ce cas-ci que dans celui-là, ce n'est que du plus au moins, ce qui ne prouve rien ; ou ce qui prouve qu'on ne peut opérer que par voie d'évaluation approximative, et qu'ainsi la découverte du meilleur procédé d'approximation est la solution la plus nette du problème de la péréquation de l'impôt.

Partant de ce principe, qu'une évaluation approximative est seule possible, je vais établir que les éléments de cette évaluation ne sont pas moins clairs et nombreux en matière de salaires professionnels, de profits industriels et commerciaux, qu'en matière de revenus fonciers.

Voici d'abord le notaire, l'avoué, l'agent de change, le courtier de commerce, le commissaire-priseur, l'huissier : rien de plus facile que la constatation approximative de leur revenu professionnel. Tous sont obligés de tenir des répertoires, registres, livres, carnets et autres documents qui peuvent conduire à une plus juste approximation de leur revenu professionnel, que ne le ferait un cadastre à l'égard de leur revenu foncier. De plus, dans quelques-unes de ces professions, il y a des bourses communes dont le résultat peut encore éclairer la voie de l'approximation la plus parfaite.

Les revenus professionnels de l'avocat, de l'agréé, du médecin, sont, au premier aperçu, plus récalcitrants au calcul d'une évaluation. Mais, si l'on persiste, cette évaluation devient très-possible. A l'égard de l'avocat et de l'agréé, il est très-facile de constater combien il plaide de causes par année, ou en juge comme arbitre. Une parfaite statistique à ce sujet résulterait des annotations d'un greffier d'audience et d'un receveur d'enregistrement. Quant au médecin, il tient un livre de visites, et n'en tînt-il pas que, l'étendue de sa clientèle est de notoriété publique, et que l'intérêt du médecin ne serait pas de ravaler sa renommée.

Les utilités, profits ou intérêts des capitaux engagés dans le commerce et dans l'industrie ne se refusent qu'en apparence à une évaluation approximative. Au fond, il n'y a pas de sérieuse difficulté. Toutes les entreprises industrielles et commerciales tiennent des écritures et font des inventaires. Aussi, évaluerait-on plus sûrement les bénéfices de telle maison de commerce que le revenu de tel domaine, s'il n'était pas affermé.

A l'appui de ces observations, je citerai l'opinion de J.-B. Say sur cette matière.

« Il y a d'ailleurs des bases positives, dit cet illustre économiste, pour reconnaître plusieurs sortes de revenus. Ceux qui sont fondés sur les traitements, les rentes, les pensions, qui sont payés par l'État, sont connus, et jusqu'à un certain point ceux qui dérivent des baux et des fermages que l'on pourrait déclarer n'être obligatoires que jusqu'à concurrence de la somme déclarée et enregistrée; il est vrai que les produits des capitaux cachés ou placés à l'étranger, ou d'un produit incertain, et surtout les revenus fondés sur les facultés personnelles et industrielles, sont très-difficiles à évaluer. C'est ici que la *voix publique*, remplissant la *fonction de jury*, devrait décider. » (*Cours complet d'écon. pol.*, part. VIII, ch. V.)

Il ne suffit pas que la voix publique remplisse la fonction de jury; un jury doit être régulièrement constitué, de manière que les contribuables puissent se rendre réciproquement justice. Si, par exemple, le budget des dépenses étant fixé, il s'agissait d'en distribuer la charge au marc la livre sur les revenus de chacun, les contribuables, composant tour-à-tour le jury, n'auraient-ils pas intérêt à rendre à leurs co-débiteurs l'impartiale justice qu'ils en attendraient eux-mêmes ?

Remarquez ensuite que, vu la nature du gouvernement auquel mon système s'applique, les impôts sont très-modérés et très-utilement employés. Alors, quel contribuable se refuserait à éclairer le jury sur la question qu'il s'agit de résoudre? L'avocat, le médecin, le littérateur, le journaliste, personne ne voudrait s'abaisser à la fraude que la conscience du jury pourrait châtier, ni même au mensonge qu'elle pourrait convaincre. L'avocat, le médecin, le savant sentirait, au contraire, qu'il a intérêt à élever son revenu, s'il ne veut pas abaisser son mérite, s'il ne veut pas même exposer sa dignité personnelle à une sorte de mépris public.

Quant à l'industriel, au commerçant, qu'il spécule ou qu'il négocie, comme dit Florez-Estrada, la franchise ne sera jamais son mobile. Mais qu'importe à la perception de l'impôt sur le revenu, si, comme le reconnaît cet économiste, le commerçant et l'industriel ont intérêt à exagérer leurs capitaux, parce que, quelque considérable que soit leur fortune, ils ont certainement besoin d'un crédit plus grand que leur avoir !

Say, qui n'avait point examiné particulièrement les éléments d'évaluation des différentes sortes de revenus; qui même, relativement à l'impôt sur le revenu et au jury de répartition, s'en tenait à une simple idée, une simple ébauche; Say disait cependant : « Il y aurait sans doute de grandes inégalités dans une semblable assiette; mais, à tout prendre, je pense qu'elles seraient beaucoup moins considérables qu'en suivant tout autre mode de répartition. Et quelle simplicité de perception! On n'aurait plus à payer ces armées des agents du fisc, commis aux exercices, préposés de l'octroi, douaniers, répandus sur le sol au grand détriment de la liberté d'industrie et de la circulation utile. Les contributions générales allégées en même temps des dépenses inutiles et de celles du recouvrement; divisées en douzièmes et réparties sur beaucoup de privilégiés, tels que les créanciers de l'État, ne seraient pas aussi difficiles à acquitter qu'on serait tenté de le croire; et je ne pense pas que la répartition en fût aussi vicieuse qu'elle l'est actuellement en France. »

Si notre illustre économiste eût scruté tous les

éléments d'évaluation dont je n'offre qu'un aperçu, il fût allé plus loin : il eût reconnu positivement que l'assiette la plus sûre de l'impôt est le revenu; que les éléments d'évaluation et les procédés d'approximation sont plus nombreux, plus positifs et plus clairs sur ce point, qu'à l'égard de tout autre assiette; que, du reste, l'évaluation et l'approximation étant en toute matière, même juridique, les seuls moyens d'application pratique, ces moyens sont parfaitement adéquats à leur but, et offrent seuls une sérieuse garantie de la péréquation, sinon rationnelle, impossible, du moins raisonnable et juste de l'impôt.

Dira-t-on maintenant avec Mac Culloch, que l'impôt sur le revenu produirait l'effet d'une prime à la fraude? Fort bien sous la monarchie, qui vous ronge jusqu'à la moelle des os et vous déprave au cours de ses jouissances et de sa corruption. Mais, sous la République, dirigée par une intelligence républicaine, sous un gouvernement libre, où toutes les dépenses sont justes, modérées, productives pour tous, qui voudrait, le pût-il, se soustraire par la fraude, au paiement de sa part contributoire? « Si le produit des impôts eût toujours été convenablement employé, a dit le célèbre Verri, le public considérerait le paiement des contributions comme la dette la plus sacrée. Quiconque chercherait à se soustraire à cette obligation serait exposé à la flétrissure publique, tout aussi bien que celui qui, ayant formé une association volontaire, se refuserait, après avoir participé aux bénéfices, à payer sa portion des frais. » (*Meditazioni nell' economia politica.*)

Qu'avait-il à dire de la fraude, Mac Culloch, et qu'avait-il à redouter de la corruption et de la ruine du sentiment de l'honneur? N'est-ce pas là le produit naturel du sol monarchique? N'est-ce pas au soutien de l'impôt inique sur les consommations, que la monarchie entretient une honteuse et vexatoire armée de commis et de douaniers? Les abus et les excès des impôts, aussi bien que leurs odieux moyens de perception, n'engendrent-ils pas sur la surface du pays, la ruse, la fraude, la contrebande, et, pour médicament de cette plaie monarchique, l'opinion immorale que celui qui vole le gouvernement, loin de compromettre son honneur, fait preuve d'habileté?

XVI.

L'impôt sur le revenu doit atteindre tous les revenus fonciers, professionnels, commerciaux, artistiques, ainsi que les pensions, traitements et rentes payés par l'État ou sur particuliers.

A cette règle générale trois exceptions : le salaire de l'ouvrier, de l'artisan qui n'a pas d'autre revenu; la rente ou pension viagère dont vit le rentier qui n'a pas d'autre revenu et ne dépassant pas 1800 fr.; la pension et le traitement payés par l'État, lorsqu'ils ne dépassent pas cette somme et que le pensionnaire ou fonctionnaire n'a pas d'autre revenu.

Une seconde règle que dicte impérieusement la justice et dont j'emprunte la rédaction à M. Fonteyraud, dans ses travaux sur Ricardo, est celle-ci:

« Une taxe sur les revenus devra tenir compte non-seulement du chiffre des revenus, mais encore de leur destination, et ne pas demander 5 pour 100 à un pauvre rentier de 500 fr., comme à un Nabab qui reçoit annuellement 500 mille francs. »

M. Fonteyraud démontre la justesse de son idée par une image à l'adresse de toutes les intelligences. « Il en est de la répartition des charges publiques, dit-il, comme des taxes que les directeurs de concerts prélèvent sur la curiosité et le dilettantisme. Le même spectacle est ouvert à tous : le même lustre verse sur la scène ses gerbes de lumières; les mêmes vers, les mêmes harmonies font courir sur tous les fronts le souffle divin du génie; les mêmes décors, le même fard, les mêmes pirouettes, suivies des mêmes coups de poignard, — s'adressent à tous les spectateurs; et, cependant, lisez le tarif, que de nuances de prix, correspondant à combien de places différentes ! Les charges qui pèsent sur chacun sont mathématiquement proportionnées à la dose d'aisance, de commodité dont il jouit, et si nous avions à proposer aux législateurs un modèle pour la péréquation de l'impôt, nous n'en voudrions pas d'autre que cette échelle si habilement graduée par les *impresarios*.

Aussi, l'impôt sur le revenu, tel que nous l'entendons, doit-il participer de l'impôt de quotité et de l'impôt progressif.

Celui-ci a fait jeter des cris si rauques et chiffrer des calculs si excentriques, que les bonnes gens, si ce n'est une feinte, ont eu vraiment peur. Jadis, en effet, Rœderer et Jollivet avaient si vaillamment combattu cet impôt, que les conservateurs le croyait mort et enterré. Jugez de leur surprise s'il venait à reparaître! Son fantôme se dresserait à leurs yeux comme un croque-mitaine capable d'avaler les plus gros revenus et d'engloutir les plus grosses fortunes. Il n'y a rien de pareil à craindre de l'impôt progressif tel que nous l'entendons : comme il n'est qu'une *quotité* déterminée du revenu, il ne peut jamais en absorber la totalité : et lorsque cette quotité est limitée par une échelle qui n'atteint pas 20 pour 100, de quoi se plaindrait le millionnaire le plus conservateur? D'ailleurs, Montesquieu, Say, Smith, Destutt de Tracy ont prouvé que les contributions indirectes sont un impôt progressif en raison de la misère, et n'ont pas craint d'affirmer qu'une progression croissante dans l'impôt direct ne serait qu'une juste, mais imparfaite compensation.

Stuart Mill, pourtant, s'est élevé contre tout impôt progressif. Frapper les gros revenus, dit-il, d'un *percentage* plus élevé que celui des petits, c'est taxer l'industrie et l'épargne. C'est punir celui-ci ou celui-là, parce qu'il est plus laborieux e plus économe que son voisin. Sorte de procédé, ajoute-t-il, qui n'est qu'une doucereuse forme de volerie (*a mild form of robbery*).

Taxer l'industrie et l'épargne! Mais y a-t-il autre chose à taxer que le fruit du travail ou l'élément du capitat?

Pourquoi grever, dites-vous, l'activité du travailleur plus que la paresse de l'oisif?

Mais n'est-il pas évident que l'impôt tel qu'on l'entend ici presse le riche et favorise le pauvre?

Comparez-vous deux ouvriers, deux artisans, dont l'un serait aussi laborieux que l'autre serait fainéant? Dans ce cas encore aucune peine n'est infligée, pas plus à l'un qu'à l'autre. Celui qui, par son travail et son épargne, se fait un capital productif, paie en raison de son revenu : quoi de plus juste? Celui qui, par sa paresse ou son inconduite, se ruine, n'a plus rien à payer : quelle prime à la fraude et à l'oisiveté voyez-vous là? J'y vois, au contraire, que le délit est suivi de la peine. Qui s'accommoda jamais du bonheur de la pauvreté, parce qu'elle est exempte des charges publiques? qui s'imaginera jamais qu'il ne vaille pas la peine de ramasser 20,000 fr. de rente, parce qu'on serait tenu de payer 1,000 fr. d'impôts?

Mill, du reste, se réfute presque lui-même. Combien d'hommes intelligents, il le reconnaît, épuisent sans succès toute l'énergie de leurs efforts, tandis que des médiocrités, favorisées de la fortune et des circonstances, réussissent comme par enchantement! C'est au gouvernement, dit-il, de réparer de telles inégalités. Mais le moyen le plus juste et le plus efficace d'y parvenir, n'est-ce pas une répartition des charges publiques en raison des facultés pécuniaires de chacun?

Mais en raison de quoi sont les facultés pécuniaires? En raison, selon Mill, d'un *percentage* de 5 pour 100. Ainsi, par la raison qu'un revenu de 1,000 fr. paie 50 fr. d'impôts, un revenu de 100,000 fr. ne doit payer que 5,000 fr. Voilà ce que l'on appelle *proportionnalité!*

Quoi de plus vicieux en théorie et de plus injuste en pratique? Je suppose qu'un revenu de 1,000 fr. soit nécessaire à la satisfaction des premiers besoins de la vie : si l'on en retranche 50 fr. d'impôts, les facultés du contribuable sont au-dessous de ses besoins. Supposons ensuite un revenu de 10,000 fr. : le retranchement de 500 fr. d'impôt laisse encore 9,500 fr. au contribuable, c'est-à-dire 8,500 fr. au-delà de la satisfaction des premiers besoins. Donc la formule de la proportion est celle-ci :

$$1{,}000 : 10{,}000 :: -50 : +8{,}500.$$

Et les chimistes politiques appellent cela une proportion en raison des facultés!

Rien de plus disproportionnel que l'égalité absolue de percentage. La fortune, en effet, fonctionne comme un lévier. Si vous ne pouvez remuer un poids de 500 kil. avec un lévier de 2 mètres, vous en remuerez un de 2,000 kil. avec un lévier de 2 mètres, et de plus de 20,000, peut-être avec un lévier de 4 mètres. La proportion est géométrique. La puissance de la fortune aussi grandit comme ses carrés. Avec 1,000 fr. chacun, 1,000 capitalistes ne peuvent rien : un seul avec un million peut tout.

La progression de l'impôt est aussi juste que celle de la puissance de la fortune. Là même est la raison des facultés de chacun.

Enfin, Mill, tout en repoussant l'impôt progressif, demande pourtant que les droits de mutation sur les successions collatérales soient progressifs. C'est illogique. L'impôt progressif, soit qu'il s'applique au capital, soit qu'il s'applique au revenu, est identique en principe. Il n'est pas plus, il n'est pas moins dans ce cas-ci que dans celui-là, une gracieuse volerie, une prime à la fraude, à l'oisiveté.

En résumé, les conditions du problème de la péréquation de l'impôt sont le revenu et la progression d'une échelle donnée. Cette dernière condition nous reste à préciser.

XVII.

J'ai précédemment indiqué les exceptions à la règle générale de l'impôt unique sur le revenu. Ainsi, le premier degré de l'échelle est négatif ou zéro; et nous éleverons l'échelle à 12 degrés positifs.

Une évaluation plus juste, une gradation plus lumineuse que la mienne est possible, du moins permise. Aussi, dois-je m'empresser de le dire, les degrés de mon échelle peuvent être augmentés, diminués ou modifiés. Mais, en laissant à chacun le droit ou la faculté de construire son échelle, qu'il me soit permis de dresser la mienne.

		pour 100.
1 Le revenu jusqu'à	1,000 fr. imposé à raison de	4
2	3,000	5
3	10,000	6
4	20,000	7
5	40,000	8
6	60,000	9
7	80,000	10
8	100,000	11
9	125,000	12
10	150,000	13
11	180,000	14
12	200,000	15

Tout revenu qui dépasserait 200,000 fr. paierait, sur l'excédant seulement, 20 pour 100, qui se joindraient aux 15 pour 100.

Le calcul de l'impôt de chaque contribuable se fait sur la somme collective des divers revenus dont il jouit[1]. Nulle distinction entre eux. Le re-

[1] M. Daudiffret dit (*Syst. Financ. de la France*, t. I, p. 21, *note*) qu'il y a un grand nombre de quotes foncières de 1, 2, 3 et 4 centimes. Et les frais de l'aver-

venu du travail et de l'industrie est un revenu comme celui de la propriété et du capital. La permanence du fonds de ceux-ci n'est qu'une raison de la permanence de l'impôt qui les frappe.

XIX.

RÉSUMÉ.

Le problème de l'impôt est sans nul doute le problème le plus grave et le plus complexe qui puisse se poser. Les frais d'édification, d'entretien et de gérence d'une société politique ne peuvent être calculés et justifiés qu'en raison de la solidité de ses fondements, de sa destination sociale et de son utilité publique.—Problème étranger au socialisme, à une dictature ou *asymnétie* qui, donnant à chacun une part égale, n'a rien à demander à personne.

1. Qu'est-ce que le socialisme, en effet? le nivellement ou égalité de fait, ce qui implique la négation de l'égalité de droit, de la justice et de la morale. Aussi, triomphât-il aujourd'hui, que demain le socialiste se dirait comme Figaro : ce qui est bon à

tissement du percepteur sont de 5 centimes! Ces viletés disparaîtraient du rôle; car tout propriétaire qui ne peut vivre de son revenu foncier, a nécessairement un revenu industriel qui fera porter sa quote à un chiffre d'au moins 2 ou 3 fr.

prendre est bon à garder. Il n'y aurait de changé que le propriétaire.

Si le socialisme est l'association volontaire, il n'est qu'une puérilité. S'associe qui veut aujourd'hui comme toujours. On peut conseiller l'association, sans doute ; mais, conseiller une pratique ancienne, ne constitue pas une théorie nouvelle. D'un autre côté, les conseils, les conseils utiles, sont tout personnels et de circonstance. Telle industrie, par exemple, se trouve mieux des efforts et de l'intérêt d'un seul. Tel industriel aussi est plus sûr de son expérience que de l'utilité d'un concours quelconque.

Le socialisme serait-il la fraternité passant de l'état moral à la contrainte physique? Il n'en vaudrait pas mieux. Les vertus ne sont pas des lois, ce sont des mérites. Les préceptes de la vertu ne sont pas les chaines de la raison, ils en sont le guide et le flambeau. Aussi la raison, comme le sentiment, nous enseigne-t-elle que le *frère* n'existe que dans la famille ; que ce titre, dans une capucinière, à l'abbaye de la Trappe ou ailleurs, est une fiction qui ne peut usurper les droits de la réalité. Sous la République, nul titre n'est plus moral, plus grand et plus social que celui de *citoyen*. Il résume, en effet, le sentiment de l'indépendance et de la dignité personnelle, l'amour de la justice et de la patrie, le respect des droits de propriété et de famille, l'attachement éclairé aux institutions émanées de la souveraineté nationale, la satisfaction de sa position sociale, l'honneur de s'élever et le plaisir empressé de donner la main à ses concitoyens pour gravir ensemble le sentier du progrès.

Voudrait-on que le socialisme ne fût que le nom de baptême du progrès même? Le progrès n'a besoin ni de baptême ni d'autre nom que le sien. Libre de toute souillure, il est descendu du ciel dans la nature humaine. Il s'indignerait surtout qu'on lui donnât un parrain taré.

Enfin, le *droit au travail,* sous un gouvernement libre, normal et tranquille, est une séditieuse absurdité. Le travail est un *devoir* à l'accomplissement duquel le fainéant et le vaurien seuls peuvent manquer.

A tous ses points de vue, le socialisme n'est qu'un mot, et un mot d'une puérilité factieuse. Les hommes intelligents devraient le bannir du langage politique, ne fût-ce que pour enlever au parti de l'ordre le prétexte de troubler l'ordre et d'inquiéter la société.

2. Le socialisme éliminé, l'impôt devient nécessaire. Quelle en sera l'assiette la plus favorable à la péréquation? L'impôt sur le capital n'est qu'une artificieuse hypothèse. Il n'est qu'un expédient révolutionnaire, ou un moyen d'extinction de la dette publique, comme l'a proposé Ricardo.

L'impôt indirect est un ressort monarchique. Il presse le pauvre qui ne voit pas la cause de son mal; il favorise le riche qui, dominé par son égoïsme, aide la monarchie à marcher aux révolutions.

Il n'y a de raisonnable et d'équitable que l'impôt sur le revenu; le revenu seul étant la mesure des facultés de chacun.

Mais, rationnel de sa nature, l'impôt sur le revenu ne peut s'adapter qu'à un gouvernement rationnel, à une société républicaine.

3. La forme monarchique vient de l'enfance, de la faiblesse et de l'ignorance des vieilles sociétés.

Le premier qui fut roi fut un soldat heureux,

a dit Crébillon. De là une famille et une dynastie, un César et des Laridons, comme dit Lafontaine.

Sans doute, un peuple a pu se donner un chef, mais il peut le révoquer aussi. Qu'est-ce que le bénéfice des siècles et l'autorité des traditions? Les siècles dont l'abjection et la violence ont prolongé le cours ne sont rien en face de l'éternité des droits; et les traditions du despotisme ne sont que la fleur de la servitude et le fruit verreux de la crédulité. Que les traditions et les siècles protégent de leurs ténèbres le fondement d'une religion, on le conçoit : toute religion se disant la parole de Dieu, doit être immuable comme cette parole qui lui imprime le sceau de l'immobilité. Mais une forme de gouvernement n'est pas une religion; et la condition de la société politique, loin d'être l'immobilité, est le mouvement et le progrès.

Qu'entend celui qui proclame la souveraineté de la raison pour infirmer la souveraineté du peuple?

Par raison il entend la sienne, et par souveraineté une dynastie de sa façon.

L'unité de pouvoir, virtuelle dans la souveraineté du peuple, est la condition nécessaire d'un bon gouvernement. La dualité du pouvoir n'est pas moins funeste que sa perpétuité familiale. Les rivalités anarchiques et les empiétements héréditaires ruinent également la liberté. Une société bien constituée ne peut pas plus avoir deux pouvoirs, qu'un homme ne peut avoir deux volontés ou deux têtes.

Un pouvoir dit exécutif, une seconde tête dominatrice est à la fois chose absurde et monstrueuse. En effet, confier l'exécution de la volonté d'un pouvoir à un autre pouvoir, n'est-ce pas, ou neutraliser l'un par l'autre, ou dépouiller l'un et l'autre de leur indépendance caractéristique? N'est-ce pas, dès-lors, provoquer les conflits ou systématiser l'impuissance?

Quelques publicistes ne se dissimulent pas le mal de l'antagonisme que je signale; mais, infatués qu'ils sont d'un vain procédé monarchique, ils demandent à l'empirisme le remède qui n'appartient qu'à la raison. Au lieu de supprimer la cause perturbatrice, ils rêvent une seconde chambre législative qui, se posant entre les deux pouvoirs discordants, fonctionnerait comme un jongleur équilibriste. Préjugé monarchique, erreur que tout cela! Il en est du mécanisme gouvernemental comme de tous les mécanismes : la multiplication des rouages ne fait qu'en augmenter le frottement et en fausser la rectitude.

La simplicité et le perfectionnement du mécanisme républicain consistent à substituer, comme l'indiquent la science et la raison, une simple *fonction* au *pouvoir* exécutif. Alors, instituée par le pouvoir, comme le pouvoir l'est par la souveraineté, la fonction exécutive ne troublera plus cette harmonie de rapports qui doit exister entre la volonté et l'exécution, entre la tête qui pense et le membre qui agit.

Il n'y a pas de forme gouvernementale plus rationnelle et plus simple que celle-là. Le pouvoir n'y est point une *délégation;* il y est une création de la souveraineté qui l'anime de son souffle et l'éclaire de sa raison. A mesure que l'instruction et les lumières se répandent parmi le peuple, le pouvoir lui-même devient plus intelligent et plus efficace. Mais il n'aboutit pas pour cela au *self government* de l'individu [1], de la commune, du monas-

[1] *Souveraineté individuelle* de l'homme : chimère, contradiction socialiste. L'homme est partie intégrante de la souveraineté en tant qu'associé; mais en tant qu'isolé, il n'est pas plus *sujet* de commandement qu'*objet* d'obéissance. La souveraineté sociale, comme la puissance numérique, implique un rapport et une combinaison; et tout rapport, toute combinaison implique au moins deux termes. Il pourrait y avoir quarante mille souverainetés en France, mais il y aurait à peine un peuple souverain.

tère. Diviser n'est pas renforcer. Quand le bloc à remuer est trop considérable, le concours général des forces individuelles n'est plus possible : il faut un lévier. De même, quand la masse de la société est si grande, qu'elle ne peut être dirigée comme la commune, le génie de l'humanité a recours à un auxiliaire dynamique. Cet auxiliaire, ou lévier politique, est un corps artificiel issu du corps naturel, un appareil social qui peut remuer toute la société.

4. Le dualisme des pouvoirs a causé divers phénomènes qu'il n'est pas hors de mon sujet d'observer et de signaler.

D'abord les *solutions*, qui devaient aller seules. Elles n'ont été que des étoiles filantes et des feux follets, produits de miasmes cérébraux et de corruption locale. Vient ensuite la *fusion*, ce calcul confus de factions princières comptant sans leur hôte. Maintenant l'horizon politique est sillonné de *révisions* chevelues comme des comètes, et d'une nébuleuse *prorogation* à laquelle l'*ère des pétitions* ne donnera pas plus d'empire que l'*ère des Césars*.

Révision, en langue réactionnaire, signifie destruction [1]. Toutes les queues de la monarchie ne

[1] La réaction n'a pas même pivoté sur l'idée sophistique de M. de Girardin : le suffrage universel est au-dessus de la République. — La République n'est ni au-dessus ni au-dessous du suffrage universel, elle n'en est que la formule. — Veut-on dire que le suffrage universel peut supprimer la République au profit de l'anarchie ou

se redressent que pour serrer à fendre la tête de la République. Mais laissons les avocats de l'agitation reptile en plaider la cause pour gagner leur salaire et les ovations de la servilité. La République ne manquera jamais de Démosthènes et de Cicérons pour les confondre. La France, d'ailleurs, comme a dit M. Guizot, est un pays de grande activité intellectuelle, philosophique aussi bien que pratique; elle a tout expérimenté, et, aujourd'hui, elle le sait comme Aristote : « préférer un monarque, c'est constituer souverain l'homme et la bête; car l'appétit aveugle du pouvoir dégrade l'homme le plus parfait. » (Voy. *Polit.* liv. III.)

La prorogation, la réélection, que veulent-elles ? une position sociale, un poste élyséen. La réélection, sans doute, n'a rien d'irrationnel en soi; mais l'orgueil des prétentions personnelles ne peut pas plus autoriser le mépris des lois, que justifier la pression pétitioniste. Et serait-il d'intérêt public, comme d'intérêt monarchique et princier, d'inféoder la présidence à M. Bonaparte? Quels sont, pour cela, ses états de service? Qu'a-t-il fait? Il a maintenu l'ordre! — Le premier venu du *grand parti* en eût fait tout autant, ni plus ni moins. De

de la monarchie? oui, un homme peut se précipiter du haut en bas de la colonne Vendôme : en conclucra-t-on que le *suicide* est un principe? De la part d'un individu, le suicide est un acte de folie ou de désespoir; de la part d'un peuple, c'est un acte d'abjection et de servilité qui n'est pas discutable parce qu'il n'est pas possible.

quels traits de génie, de quels faits héroïques M. Bonaparte peut-il personnellement se prévaloir? Voyages, discours, champagne, tout cela n'est que de la rhétorique de *vieillard*, perdue à des jeux d'enfant. Là, cependant, est encore le beau côté de la médaille. Voyons-en le revers. Il est pleinement, sinon glorieusement rempli : guerre liberticide, réprobation des républicains, accueil des monarchiens, destitution des libres penseurs du professorat, appui donné aux ultramontains, à la quasi-religion d'État ; suppression de traitement de professeurs honorables, pension à des suppôts de la monarchie renversée ; scandaleuse partialité pour la presse monarchique, poursuite infatigable de la presse républicaine; altération de toutes les libertés ; affectation même à supprimer le mot *république* et impunité de l'agression décembriste contre ceux qui le prononcent publiquement; strangulation du suffrage universel, qui, de tant d'hommes de rien, a fait quelque chose de gouvernemental, et auquel M. Bonaparte doit tout ce qu'il est... Je m'arrête à cette loi, qui n'a de moralité législative que l'esprit de parti [1].

[1] Le domicile n'est la source ni de l'amour de la patrie, ni d'aucune vertu sociale. On aime la France à Lille comme à Bayonne, au bout de trois heures comme au bout de trois ans : ce n'est pas une affection de clocher. Le domicile n'a pour but que la détermination du lieu de l'ouverture, de l'exercice et de la consécration judiciaire d'un droit litigieux. Pour exclure les vagabonds, il suffit

M. Bonaparte, dit-on et dit-il lui-même, n'a trouvé le concours de l'Assemblée que pour comprimer; il n'a pu l'obtenir pour réaliser ses rêves de bien public.

Mais, sur ce point, quelles tentatives a-t-il faites? Quelques mots dans une lettre, un message, un discours, ressemblent trop à un jeu télégraphique pour faire monter les actions présidentielles, qui sont en baisse à la Bourse de la popularité.

Sans doute, la position d'un président républicain est difficile en face d'une majorité monarchique. Mais c'est là même que le caractère et le génie du magistrat populaire et capable se révêtent de tout leur éclat. Quelle digue M. Bonaparte oppose-t-il au torrent de la réaction? Il se plaît à en élargir, à en creuser les cataractes. Le général Foy, simple député, savait bien lutter, lui, contre 300 ultras; et ses patriotiques accents avaient l'autorité d'un retentissement parlementaire et d'un écho national. M. Bonaparte, je le veux bien, n'a de l'orateur que le silence incompris, et du général que le chapeau à plume et galon; mais l'ambition et la témérité du *prince* exclueraient-elles l'habile fer-

de l'exigence d'un domicile régulier, certain. — Enfin, l'exclusion de quatre millions d'électeurs est le drapeau ministériel de M. Bonaparte : le drapeau de la monarchie. — Et vous dites que la France n'est pas républicaine! Est-ce que nous serions quatre millions de vagabonds?

meté du grand citoyen et l'ascendant irrésistible de l'intègre magistrat ?

Et pourtant le Diogène du vieux libéralisme cherche un homme et n'en peut trouver d'autre que celui que nous connaissons trop. Sa lanterne ne serait-elle qu'une seringue et sa philosophie qu'une pilule dorée à feu d'argent ? Toujours est-il que l'incomparable cynique oublie que le repos de la France peut bien être troublé par tel ou tel homme et quelques soudards pyramidaux, mais que la France elle-même est trop puissante pour que son salut soit à leur merci ; il oublie qu'ils ont plus besoin, eux, de sa protection et de son argent pour vivre, qu'elle n'a besoin, elle, de leur nom, de leur gloire et de leur génie pour être républicaine, indépendante et libre. Le salut du peuple français dépendre d'un Bonaparte ! Bouffonnerie aussi dérisoire que l'attitude d'un Monk avorté prenant une assemblée délibérante sous sa protection, et non moins ridicule que le langage du *juristo-banquetiste* immolant le droit positif à l'ambition chronique de sa moribonde turbulence.

Heureusement, en France, on n'abdique jamais irrévocablement la souveraineté de l'intelligence, et les plus serviles passions n'y sont pas toujours hostiles aux idées de progrès. Aussi voyons-nous déjà la fièvre révisioniste se calmer, les illusions faire place à la réalité, l'expérience et la raison s'engager prudemment au service de la constitution républicaine. Le crétonisme monarchique n'est plus que du crétinisme politique dans le monde officiel même.

La monarchie, comme un cadavre antique, ne peut supporter le grand jour, et tombe en poussière quand on ouvre son cercueil de plomb. La République, au contraire, s'irradie lumineusement, lorsqu'on ôte le boisseau qui couvre sa lumière. Le sacerdoce même en est éclairé. Aussi l'initiative qu'un digne prélat a prise étend-elle l'horizon de nos espérances. Puisse cette première étincelle du tabernacle vaincre l'obscurantisme ultramontain !

« Enfin, le peuple est résolu — non comme tant d'autres fois l'épée à la main, mais en esprit de paix et de l'égalité — à revendiquer les droits qu'il tient de l'auteur des choses et dont il a été si injustement dépouillé. Le peuple veut vaincre et il vaincra. Le flot s'avance, les vagues grossissent et rien ne pourra les arrêter [1]. » Ils engloutiront tous les abus et balayeront toutes les corruptions monarchiques. Alors le vote universel reprendra son cours et l'ordre social sera sauvé du péril que M. de Tocqueville imagine pour conclure à la révision, dont il flétrit les menées et le but. Alors aussi l'administration ne sera plus un mécanisme obligé d'ambitieuses médiocrités ; et l'insulte officielle n'aura plus d'*abominable* organe au sein de la représentation nationale. Le ministre

[1] BASTIAT, *Cobden et la Ligue*, Introd.

même, pur d'intrigue, de mensonge et d'apostasie, comprendra le devoir de respecter la constitution, les hommes et les opinions à la tribune; il exercera le droit seulement de discuter, s'il peut, avec talent, justesse et bienséance; bien convaincu qu'il est de la dignité du gouvernement sur-tout de donner l'exemple de la gravité d'attitude et de la décence de langage qui doivent signaler une assemblée d'hommes appelés à régler les intérêts et gérer les affaires d'un peuple aussi grand que poli, aussi sensible à la beauté des formes oratoires qu'indigné de la présomption et de l'insolence d'un fat et d'une orgueilleuse médiocrité.

5. Parvenue à la hauteur républicaine, la sérénité politique planera sur les nuages obscurs et orageux de la monarchie. Là, il n'y aura de zèle que pour l'intérêt public, et de culte que pour la liberté et le progrès. Là aussi, tous les sentiments des bons citoyens, se dégageant de l'esprit de parti, se concilieront dans le parti seul de la raison et de la justice. Nul qui ne sache alors que le corps social entier, comme le corps de l'individu, est affaibli, menacé par le mal particulier dont souffre un de ses membres. Rien qui ne paraisse plus juste, dès lors, que le concours de tous, dans la mesure des facultés de chacun, à la défense des institutions, et à la contribution des charges publiques qu'imposent les besoins de la société. Le revenu, mesure régulière des facultés de chacun, est naturellement l'assiette du seul impôt légitime. Toute difficulté

d'évaluation est résolue amiablement par un jury de contribuables tour-à-tour juges et parties les uns des autres : jury qui décidera avec d'autant plus de lumière et de précision, que nul imposable, grace à la modération de l'impôt et à l'utilité de son emploi, ne refusera sa loyale adhésion à la recherche et à la découverte d'une équitable et impartiale répartition.

Je termine la tâche dont l'accomplissement me semblait un devoir. — Qui se soucie de ma parole? — Quelle calamité causerait mon silence?— Mon amour-propre ne souffre pas de ces questions.

On dit que, sous les Incas, tout Péruvien apporta sa pierre pour construire le temple du soleil qu'adorait ce peuple antique. J'apporte mon grain de sable aussi pour construire le temple de la liberté, fondement de la propriété, raison de la famille, origine du droit.

Je regrette que mes forces se soient mises au pied du mur pour si peu. Mais croyant à la prééminence de l'homme sur la brute que l'égalité socialiste confond, j'ai fait tous mes efforts, comme dit un grand historien de Rome, pour que ma vie ne disparût pas sans laisser des traces de mon culte pour l'égalité de droit, de mon zèle pour l'amélioration de la condition du prolétariat, et de mon courage à défendre mon opinion, le seul bien qui m'appartienne, il est vrai, mais aussi le plus précieux des biens de l'homme libre, du citoyen indépendant et de l'esprit républicain, impatient d'enchaîner le despotisme, les préjugés et la superstition au char triomphal de la liberté, de la justice et de la raison.

Mon dernier mot est, comme il doit être, à l'adresse de M. Emile de Girardin. Mon attaque peut ébranler son système financier ; mais, je l'avoue, je n'en puis être si fier que je serais glorieux du succès et de la reconnaissance publique qu'obtiennent chaque jour la finesse d'esprit, la vigueur de talent et la plume aussi élégante qu'incisive de ce lutteur politique, utile et remarquable.

FIN.

Versailles, Imprim. de KLEFER, place d'Armes, 17.

Versailles, Imprim. de KLEFER, place d'Armes, 17.

www.ingramcontent.com/pod-product-compliance
Ingram Content Group UK Ltd.
Pitfield, Milton Keynes, MK11 3LW, UK
UKHW031046260726
13965UKWH00006B/550